商业银行
层次金融

The Commercial Banks'
LEVEL FINANCE

马琳 ◎ 著

中国金融出版社

责任编辑：张智慧　王雪珂
责任校对：李俊英
责任印制：丁淮宾

图书在版编目（CIP）数据

商业银行层次金融（Shangye Yinhang Cengci Jinrong）/马琳著. —北京：中国金融出版社，2017.4
ISBN 978 - 7 - 5049 - 8635 - 1

Ⅰ.①商… Ⅱ.①马… Ⅲ.①商业银行—银行管理—研究—中国
Ⅳ.①F832.33

中国版本图书馆 CIP 数据核字（2016）第 173639 号

出版
发行　**中国金融出版社**

社址　北京市丰台区益泽路 2 号
市场开发部　（010）63266347，63805472，63439533（传真）
网 上 书 店　http：//www. chinafph. com
　　　　　　　（010）63286832，63365686（传真）
读者服务部　（010）66070833，62568380
邮编　100071
经销　新华书店
印刷　北京市松源印刷有限公司
尺寸　169 毫米×239 毫米
印张　13.25
字数　138 千
版次　2017 年 4 月第 1 版
印次　2017 年 4 月第 1 次印刷
定价　39.00 元
ISBN 978 - 7 - 5049 - 8635 - 1
如出现印装错误本社负责调换　联系电话（010）63263947

序　一

　　层次是一种观察世界的坐标，有哲学精神层面的，有物理实体层面的，有货币金融层面的。两千多年前，孔子在人文社会层面就由表及内、由量及质地观察人："视其所以，观其所由，察其所安。人焉廋哉？"设下了行为、动机及神情层次的精准坐标。人类之所以能够生生不息、不断演进，首先在于认识世界的能力不断优化。好的观察坐标，好比给你一双千里眼、一副高倍显微镜。那些常青树一般的金融家不仅仅赢在起跑线上，还赢在了学习能力强上。认知世界的坐标不同，决定了见识的深浅，决定了胆略与框架格局修为以及品格的高下。就金融层面来讲，决定了金融机构何去何从，决定了金融机构的社会形象有没有温度，决定了金融机构经营管理水平的效能高低，并进而决定了金融市场的深度和广度。

　　层次是一种决策的方法。美国运筹学家、匹茨堡大学教授萨蒂20世纪70年代初在为美国国防部研究"根据各个工业部门对国家福利的贡献大小而进行电力分配"课题时，应用网络系统理论和多目标综合评价方法，提出了一种层次权重决策分析方法，即层次分析法（Analytic Hierarchy Process，AHP），是将与决策有关的元素分解成目标、准则、方案等层次，并在此基础之上进行定性和定量分析的决策方法。在经济金融活动中，层次决策随处可见，如旨在调整经济结构的供给侧结构改革，目的是使要素实现最优配置，提升经济增长的质量和数量；再如具体到"三去一降一补"，都是典型层次分析和层次决策的产物。层次金融决策同样无处不在，银行从中长期战略，到短期目标甚至日常管理都会涉及到。基于宏观经济的层次决策，并非可以照搬政策，还需要进行一次再层次化过程。层次越细分、越多维、越动态，决策才会越科学，收效才会越最大化。

　　层次是一种解决问题的策略。《易经》中占卜术、象学、数学、阴阳之学、易理之学、心学六个部分，既概括了人们把握世界审视自身层层深入的六个阶梯，同时也成为解决不同问题的六个相对独立实用的策略。两千多年后的今天，分层这个词成了冶金、矿物学、物理、化学、教育学、语文、考古、天文等学科的共同术语。代代相传是一种连续时间层次，横向借鉴是一种空间层次。按质量、能量、运动状态、空间尺度、时间顺序等多种标准划分事务，可以分门别类地解决问题。比如按大气温度随高度的关系，可分为对流层、平流层、中间层、热层和散逸等。平流层最适宜飞行，可见分层的意义主要在于准确定位，目的是为了解决问题。银行工作千头万绪，件件连着宏观政策、行业走势、民生普惠、先进科技、境内境外，因此就要求解决问题的高技巧性。分层解决就是一种屡试不爽的好方法，比如可以避免大起大落，避开一放就乱、一管就死的弊端。商业银行要有自身的定位选择，一拥而上地支持政府扶持部门，不仅不利于支持实体经济，推动经济转型，同时也会形成银行大量不良资产甚至形成系统性风险。落实国家宏观决策，是一脚下去硬着陆，还是先层层轻刹，通过市场交易释放风险，再平滑着陆呢？同在执行政策，但解决问题的策略大有不同，经验丰富的行长还会留有热启动的余地。

　　层次是一种执行的艺术。每一首耳熟能详的乐曲其实都经过了一次次制作的洗礼，大、中、小提琴成为各色乐器洋流中的几朵浪花，前中后高中低的乐器进行了立体和音后，主唱宛转悠扬的声音被百乐万声组成的涛涛东去的大江水托举着，共同向前行进奔腾着。行长工作如同音乐的总指挥，需要对每一实操层面进行调度指挥，调动所辖分行支行，调动前中后台，调动线上线下。执行力强的商业银行能够细分市场的层次，服务众多小微企业，因为它们在市场营销、价格敏感性等方面均具有一定的优势，并且能够获得更好的收益。再比如，在利率市场化推进的过程中，商业银行只有明确自身的层次定位选择，并进行业务、流程等方面的层次化改革，才能将自身打造成为连接金融市场和客户的金融服务平台。

　　马琳先生的《商业银行层次金融》一书，是对层次理论的最好演绎，或者说是第一位将层次理论引入金融银行学说中的银行行长。本书兼顾理论与实践、政策与实务，结构合理，条理清晰。对于商业银行的定位发展与业务重构的研究有诸多可资借鉴之处。对于深入思考中国银行业未来改革发展的理论界和实业界人士，本书堪称一本值得秉烛夜读之作。

王忠民

全国社会保障基金理事会副理事长

2017 年 4 月

序 二

马琳博士在清华大学社会科学学院从事博士后研究期间，完成了这一本《商业银行层次金融》的著作。该著作的一个突出特征就是理论与实践的融会贯通，既体现了作者对于经济学、金融学的理论探索，也融入了他多年从事金融工作的丰富实践经验，确实是难能可贵的。

本书研讨的一个重要内容就是金融市场的多层次特征以及层次金融体系。书中分析了三种层次：金融市场自身的层次性、市场参与主体的层次性和商业银行服务的层次性。

我本人多年从事社会分层研究，社会分层与本书讲的金融市场分层是同一向度的问题，所以，也借此谈谈怎样研究中国社会分层以及金融分层。中国是人口超巨型社会，目前人口超过13.7亿。对于如此超巨型人口的研究从哪里入手呢？首先就必须做人口的分类。分类可以有多种标准，根据不同区域做分类，不同年龄组的分类，文化教育程度的分类等等。当然，最为关键的还是对于经济地位的分类——人们因经济收入、财产（包括金融财产）的不同而形成了高低不同的众多层次，社会学的术语称之为垂直分层，这也正是社会分层关注的焦点。那么，中国的垂直分层是一种什么状态呢？迄今为止，还是一种中下层比较大的社会结构。笔者前一段写文章提出"土字型"社会结构的说法，就是此种社会结构的形象表述。如果根据人均可支配收入测量的话，那么，全国低收入群体占76%，中等收入群体占22%，高收入群体占2%。当然，城乡之间有很大差异，城市中等收入群体为30.3%，而农村中等收入群体只有13.0%。

我们知道，理想的社会分层结构是"橄榄型"结构，即以中产阶层为主，高收入阶层和低收入阶层都比较少。目前，国际上的一些完成了现代化转型的发达经济体，大体上实现了这样一种橄榄型社会结构。中国的中产阶层或中等收入群体也还在发展过程之中，要想实现中等收入群体为主体的社会还需要做出长期努力。

社会结构背后是经济结构，或者说经济资源的配置结构。不合理社会结构的形成说明资源配置出现了扭曲。我国资源配置的扭曲首先体现在市场还没有能发挥决定性作用，特别是在金融、土地、矿产资源等生产要素资源领域。

因此，要想形成合理的社会结构，首先就需要在生产要素资源领域进行市场化改革，特别是金融领域。

马琳的这本著作就是从金融领域，特别是从商业银行的视角来思考如何在金融领域推动和开展市场化改革。按照该书提出的观点，在层次化的金融市场体系下，商业银行要有自身的定位，一拥而上地去支持政府扶持的部门，不仅不利于支持实体经济，推动经济转型，同时由于"同质化"客群的竞争，也会严重损害商业银行的定价能力。而如果能够细分市场的层次，如服务市场部门中的众多小微企业，相对于政府扶持部门，在市场营销、价格敏感性等方面均具有一定的优势，能够获得更好的收益。对于小微企业的关注也特别体现了本书的社会责任感和社会情怀。作者强调，小微企业在我国贡献了超过1/3的就业和超过50%的税收，但长期以来小微企业在金融市场上被忽略。而作者所在的民生银行，作为国内首先试水小微金融的全国性商业银行，目前在小微企业贷款方面处于遥遥领先的位置，作者本人也在实践中作出了贡献。

所以，在利率市场化推进的过程中，我国的商业银行只有明确自身的层次定位选择，和进行业务、流程等方面的层次化改革，才能将自身打造成为连接金融市场和客户的金融服务平台，在应对利率市场化、创新发展模式的同时，更快适应并推动经济结构和社会结构的转型。

中国改革开放38年来，最大的变化是市场体制的建设。自上世纪80年代以来，中国经历了商品市场和劳动力市场的重大变革与创新，迄今为止这两个市场的改革已经大体成型。目前，市场改革的焦点是金融资本市场的改革，而金融资本市场的改革亟需理论

工作者和一线实践者的结合。马琳博士的《商业银行层次金融》
一书恰恰体现了这两方面的结合与创新。再次祝贺该著作的出版，
也祝愿马琳博士在金融改革领域不断作出新贡献！

中国社会学会会长

清华大学教授

2017 年 4 月

前　言

2013 年，中国人民银行周小川行长在其发表的署名文章《资本市场的多层次特性》中，从金融产品、资本市场运行以及金融创新等多维度对资本市场的层次性进行了论述。自此，揭开了各界对于我国资本市场、金融市场层次性研究的高潮，很多学者、业界人士均做了卓有成效的深入研究。但在研究视角方面，上术研究多从金融市场整体的宏观层面进行分析。需知，金融市场要实现层次化的发展，其构成要素，特别是市场参与主体，是必然要实现层次化的发展以与之相适应的。作为金融市场中最大的参与主体，整体资产规模近 200 万亿元的商业银行同样要进行层次化的构建，方能实现金融市场的层次化发展。为此，本书将商业银行的层次金融作为研究出发点，一是研究商业银行如何在层次化的金融市场中寻找适当的层次；二是分析商业银行如何对自身传统的业务体系、产品体系、组织机构体系进行重新的层次化构建，以适应金融市场层次化的发展，并参与、推动金融市场的层次化发展。

可以说，伴随我国金融改革的持续推进，我国金融市场的构成要素从参与主体到金融产品，再到交易机制等方方面面正呈现层次化的发展趋势。同时，我国金融市场的环境、基础设施建设以及金融机构所服务客户的金融需求，也在金融市场层次化发展的影响下，开始呈现出对应的层次化发展态势。对于金融市场的参与主体——商业银行而言，其服务的对象客户和进行经营的金融环境都在呈层次化发展。另外，我国的金融改革也在利率市场化和混业经营方面进行实质性的推进，这两项改革使得之前受牌照保护和利率市场化保护的商业银行已难以维持传统的经营模式，被迫寻求改变以适应金融市场的发展和客户的需求。站在当前的国际视野下，要实现我国"一带一路"国家战略，作为经济核心、金融市场最为主要参与主体的商业银行，也需进行变革性的改革，方能真正提升自身在国际金融业中的竞争力，切实有效服务实体经济，助力"一带一路"战略的实施。为此，商业银行只有通过发展平台战略，进行层次金融改革，将自身作为服务客户帮助其参与金融市场的平台，才能使自身在未来金融业发展的大潮中维持优势地位。而要发展平台战略，打造层次金融体系，便要通过在金融市场中的层次金融定位和自身层次金融体系的构建，来完成这一发展使命。

近年来，我国商业银行为适应金融市场层次化发展的趋势，进行了诸多尝试与实践，从流程银行构建到众多股份制银行事业部制改革、大力发展适于自身的零售银行业务，再到私人银行业务、信用卡业务、理财业务子公司制的独立运营，各家银行均在积极寻找适应自身的层次金融定位与改革尝试。在此，希望本书对商业银行层次金融的思考与研究能够对处于转型改革关键时期的中国银行业有所裨益。

马琳

2017 年 4 月

目　　录

第 1 章

导 论

1.1 选题背景及意义

1.1.1 选题背景

改革开放 30 多年来，伴随经济的高速增长，我国金融市场体系日趋完善，金融市场的参与主体、运行机制以及满足金融投资者多元性需求的产品体系等方面愈发与发达国家金融市场趋同，并呈现出层次化、多元化的发展趋势。中国金融业的掌舵者——中国人民银行行长周小川在其 2013 年发表的署名文章《资本市场的多层次特性》中，也从金融产品、资本市场运行以及金融创新等多维度对金融体系的层次性特征进行了论述，更加佐证了中国金融体系未来将形成更加细分的层级体系，并形成层次性的发展趋势。

随着金融改革的推进，尤其是在利率市场化到来后，商业银行被迫改变传统的利差经营模式，转向发挥居间服务的平台模式。商业银行依靠利差的传统经营模式，是由于在之前的金融市场中，融资需求信息高度不对称，同时商业银行在金融市场中几乎是唯一的参与者,因利率管制等垄断优势获得稳定的利差收入而形成的。但随着我国金融市场与国际金融市场融合的推进,利率市场化改革的即将完成,以及各类市场参与者的日趋增多,均促进了我国金融机构间的竞争。这同时也使得客户在金融需求方面有了更加多元化的选择,可以根据自身的个性化偏好借助各类金融机构直接或间接地参与金融市场,而不再局限于商业银行这一曾经唯一的金融产品提供商。在这一背景下,为避免成为最后的"恐龙",商业银行需要将自身转型为客户参与金融市场提供服务的金融平台,即不再只是简单地为客户提供存款、贷款两类金融产品,而是可以在层次化更加细分的金融市场中,根据客户的需求及自身对于盈利性、风险性和流动性的不同偏好,成为提供层次化金融服务的平台。

在这一背景下,商业银行的战略转型方向,无疑是进一步回归其业务本质,即资金的中介平台,而与之相对应的战略改革方向便是平台战略。平台战略的方向是以商业银行作为客户参与金融市场的平台,通过参与金融市场的多层次体系,在资金供给与需求的两方,分别进行加工、分层、分类、打包,在金融市场中寻找适合的运用空间和交易对手,直接或间接地进行资金调节,以满足客户的需求。平台战略需要商业银行从业务、产品、组织架构、资产等多个层次重新构建自身的结构体系。

为实现平台战略的发展转型,需要商业银行解决两个相互关联的问题:一是商业银行如何在金融体系中选择适合自身层次的定位;二是商业银行如何根据定位的层次性,来构建自身的层次金融体系。

1.1.2　本书研究的问题

在我国金融市场经过多年发展日趋完善，各类机制呈现出层次性特征，同时投资者对于商业银行的需求业已成熟并趋于多元化，以及利率市场化加速推进的大背景下，本书旨在研究商业银行如何构建自身的层次金融体系，并在此框架下提出商业银行的层次金融概念，以研究当前构建商业银行层次性金融体系的可行性路径。

1.1.3　理论与现实意义

本书从理论与实践两方面出发，对商业银行层次金融体系进行研究。理论方面，在多边市场理论和平台金融理论的基础上，提出了商业层次金融的理论，是对于传统金融市场层次理论的丰富与完善。同时，运用资产证券化来实现商业银行层次金融的路径，也是对资产证券化理论新的运用。实践方面，商业银行层次金融概念的提出，对于处于金融开放大潮中的中国银行业，于层次化的金融体系中寻求自身定位，对自身资产、产品、服务等进行层次化划分，以满足客户及市场的多元化需求，现实意义重大。

1.2　国内外文献综述

本文由于内容涉及层次金融及资产证券化方面的研究，因此将已有并与本文研究相关的国内外研究分为三部分进行梳理，即层次金融的相关理论研究、双边市场的相关理论研究和资产证券化的相关理论研究。

1.2.1 多层次金融的相关理论综述

1.2.1.1 多层次金融建设的相关理论综述

关于多层次金融的建设，唐旭（2006）针对中国信贷集中于银行，银行利润主要来自利差的问题提出应建立多层次金融市场，减少信贷过度集中于银行的现象，降低可能由银行引发的风险，并提出银行可以从以下六方面建设多层次金融市场：第一，发展中小企业贷款，扩大商业银行的可贷款对象；第二，即使上市企业减少了银行贷款，银行也可以成为它们的财务顾问；第三，增加研究投入，建立"研究创造价值"的观念；第四，强化风险管理；第五，实施资产证券化；第六，海外发展。王景武（2007）认为，一要大力发展资本市场，构建多层次金融市场体系，扩大企业直接融资规模和比重；二要进一步规范发展股票市场，扩大直接融资渠道，更好地吸引居民储蓄向直接融资市场流动；三要顺应混业经营的发展趋势，逐渐放松管制，改善融资结构；四要创新直接融资政策，改善投资环境，消化我国城乡居民储蓄存款总量。李向前（2008）结合天津滨海新区的经验，认为包括多层次金融机构和多层次资本市场两个方面。多层次金融机构的建设就是要在原有商业银行、城市商业银行、信用社、证券公司等传统金融机构的基础上，进一步大力发展住房金融机构、专门为小企业服务的金融机构、专业银行、抵押担保机构、信用评级公司、社区银行、理财公司等金融服务机构。多层次资本市场建设就是要发展能够为大企业服务的主板市场，以及为中小企业融资的创业板市场、柜台交易市场等；交易品种上除了交易股票，还应包括固定收益产品、基金、资产证券化等标准产品以及股指期货等金融衍生品。张承惠（2012）认为，发展多层次金融市场，一要进一步开放银行市场，发展城市社区银行、村镇银行和小贷公司，规范民间借贷行为；二要加快推进多层次资本市场发展；三要加快推进金融改革，充分发挥金融市场机制作用；四要加强中央政府各部门之间、中央政府与地方政府之间的协调，建立合理、高效的监管机制。

在多层次金融体系中，服务于社区和小微企业的金融体系也受到了关注。张仁宗、熊凯（2002）论述了加快社区市场个人金融业务发展的重要意义和基本原则，并提出一要有规划地加强社区营业网点建设；二要切实保证社区网点个人业务发展后续支援的实时跟进；三要深入广泛开展社区个人金融业务市场营销；四要积极主动地创新社区个人金融业务产品和服务；五要狠抓社区营业网点优质文明服务。刘建伟（2010）论述了构建金融服务小区的必要性，以及利用小区金融服务来推动商业银行营销变革。袁树民、刘文国（2008）针对我国中小企业亟待解决的融资问题，提出以私募融资为工具，以场外交易市场作为解决中小企业融资的有效途径，并对私募融资、场外交易市场和中小企业融资的关系进行了分析，对建立场外交易市场监管体系的主要方面提出了建议。刘恩惠（2012）提出需要从宏观金融政策体系（中央政府与地方政府双重政策支持）、中观金融市场体系（金融产品与服务和金融信用保障体系双重建设支持）、微观金融组织体系（正规金融与非正规金融双重资金支持）构建一个多层次金融体系，来支持小微企业融资。

1.2.1.2　多层次资本市场的理论综述

在多层次金融体系中，多层次资本市场建设是其重要的组成部分。王国刚（2004）认为，建立多层次资本市场体系可以有效解开资金相对过剩和资金相对短缺并存的死结，推进实体经济的快速发展，防范金融风险，我们应从体制创新、市场创新、运作方式创新、产品创新、机构创新等多方面深化改革，推进多层次资本市场的建设。沈炳熙（2007）论述了经济发展需要多层次资本市场，而多层次资本市场的建立和发展需要依靠多样化的金融产品，因此要依靠产品创新来增加多样化的资本市场工具。陈时兴、傅攀丽（2007）从多层次资本市场体系建设的意义、作用、存在，以及二板、三板、产权交易市场建设，多层次资本市场体系的架构与推进思路等方面，对理论界讨论的观点进行综述。胡海峰、罗惠良（2010）根据国际经验说明，一个成功的多层次资本市场需要具备上市公司数量、优质资产、多元化上市标准和不同层次股票价格等基本要素。美国资本市场发展的经验，为我国新市场的上市标准、监管要求、交易规则、交易机制及设立模式提供了借鉴。姚洪蛟、刘锡标（2012）构建了多层次资本市场建设的理论基础，并基于国际经验，对我国多层次资本市场的基本框架、多层次资本市场的功能选择、市场定位、制度安排、多层次资本市场各部分之间的关系，以及建设我国多层次资本市场的具体步骤等进行了分析。曾繁振（2012）论述了我国发展多层次资本市场的必要性、可行性以及面临的诸多障碍，提出我国多层次资本市场建设必须遵循优化多层次资本市场的框架体系设计，以金融开放创新拓展多层次资本市场，完善管理运行体制，健全各资本市场之间的衔接互通机制以及大力推进国际化进程等构建原则思路。周小川（2012，2013）两次论述了资本市场的多层次性，分别体现在金融产品、市场组织方式、投资者风险偏好、发行与交易方式等方面。多层次的产生要依靠金融创新，我们要重视和顺应资本市场多层次发展的要求和潮流，进一步推进改革，为金融创新扫除体制、机制上的障碍，以利于市场创造出更多的资本市场层次，为国民经济提供更好的服务。

1.2.2 双边市场的相关理论综述

1.2.2.1 双边市场界定的理论综述

关于双边市场的定义，目前国内外尚未统一，主要有以下几种。

Armstrong 对双边市场在网络外部性上给出了定义：两组参与者需要聚集到平台企业上进行交易，并且一组参与者加入平台的数量决定了另一组参与者的收益。Armstrong 和 Wright 还指出，双边市场的参与者涉及了两组不同的代理商，每一组代理商获得的价值都与另一组代理商有关。在双边市场中，平台企业利用它们的交叉外部性来协调两边的利益。

Rochet 和 Tirole 对双边市场的定义则是从价格结构特征的角度给出的：假设平台企业从市场双边客户获得的价格总和是固定的，那么如果平台上的交易量与价格结构无关，则该市场不在双边市场范畴之内；如果平台上的交易量与价格结构有关，那么该市场即属于双边市场。由此看来，Rochet 和 Tirole 给出了双边市场的一个较为正式定义，就是说如果平台能够通过对市场一边收取更多的费用，同时使另一边的价格下降同等的数量，从而影响交易量，那么市场就是双边市场。也即平台的价格结构起作用，且平台必须设计这一结构从而将双边客户拉到该平台上。

Roson 认为双边平台是一种经济环境，在这种经济环境中商品或服务被销售给两组不同的用户，且每组用户所得到的利润都受到另一组用户的影响，随着另一组用户数量的变化而变化。Roson 也指出，在双边市场中，两组或多组用户受间接网络效应的影响，并通过平台相互作用。Chakiavorit 和 Roson 认为双边市场是一个提供产品和服务给两组不同参与者的平台，平台通过价格策略来"将双边聚集到平台上"。

此外，Kaiser 和 Wright 认为，双边市场拥有两组或多组不同用户，这些用户的共同意愿就是在同一平台上进行交易，与此同时，价格对用户的参与意愿起到了很大的影响。

1.2.2.2　双边市场特征分析的理论综述

双边市场特征的研究主要是区别于单边市场,学术界对双边市场的特征问题分歧不大,观点基本趋于一致。相关理论对双边市场的特征研究如下。

平台企业的存在使双边市场具有独特的经济特征,这些经济特征与传统单边市场有着显著的区别。在对双边市场的特征进行研究时,程贵孙、陈宏民和孙武军重点强调了双边市场具有交叉网络性和相互依赖性的特征。杨冬梅在分析传统的单边市场与双边市场具有不同经济特征的基础上,认为双边市场与单边市场平台企业的竞争行为是有差异的。Roson 在分析具体平台产业的基础上,重点指出了双边市场的网络效应性。Evans 和 Schmalensee 从双边市场特征的角度对平台产业的产业组织进行了分析。

笔者在对相关文献进行梳理的基础上,认为双边市场主要具有如下特征:

第一,交叉网络外部性。传统的网络外部性可以认为是:某种产品或服务的价值与该种产品或服务的消费规模正相关。然而,双边市场中的网络外部性与传统产业组织理论中的网络外部性存在显著差别,它是一种交叉网络外部性。所谓交叉网络外部性是指一方的用户数量将影响另一方用户的数量和交易量。交叉网络外部性是双边市场形成的一个前提条件,也是判断该市场是否为双边市场的一个重要指标。比如 office 的开发商对 windows 的需求取决于有多少用户使用 windows 操作系统,而消费者对 windows 操作系统的需求取决于与该系统相配合的软件数量。

第二，价格的非对称性。一笔交易的达成涉及平台企业、买者和卖者三方。由上述分析可知，对平台企业收取的价格总水平需在双边市场的用户之间进行合理分配，而不是按照价格等于边际成本的原则确定。因此，在价格水平上会呈现出一定的倾向性，从而保障企业的利润水平及社会福利水平。

第三，相互依赖性和互补性。双边市场的买方对平台上卖方提供的产品和服务存在需求；同样，卖方对平台上买方的产品和服务存在需求。只有双边用户同时对所提供的产品和服务产生需求时，平台企业的产品和服务才具有价值，否则只有一方有需求或双方均无需求，那么平台企业的产品和服务将不具有价值。

1.2.2.3 双边市场类型的理论综述

Evans 将双边市场主要分为三个类型。他从双边市场产生目的的角度来进行分类：第一种是市场创造型（market - maker）。诸如 BZC 电子商务平台、婚姻介绍所、百货商场等都属于此类。双边市场平台企业能够为买卖双边提供达成交易的便利，双边客户借助双边市场企业的交易平台，可以更快更容易地找到交易机会，促成交易成功是此类双边市场的特点。第二种是需求协调型（de-mand - coordinator）。诸如计算机操作系统、银行卡支付平台等属于此类。将具有相互需求倾向的买卖双边客户吸引并且凝聚到一个共同的平台，进而促使双边客户之间的需求得到最终实现，是此种双边市场的特点。第三种是受众制造型（audience - maker）。

诸如报纸、网站等属于这类双边市场。此类双边市场通常具有一定程度的负网络外部性，为了吸引足够多的受众，比如观众、读者等到双边市场平台上来，使得与广大受众相对应的另一边用户的某种需求得到满足，双边市场平台企业一般需要免费甚至以负价格为受众提供服务。

Kaiser 和 Wright 对双边市场的简单分类是依据其市场功能。他们认为双边市场可以分为：目录服务，如黄页和分类目录；媒体市场，如电视、报纸和视频网站；配对市场，如百合网和应届生就业网；交易站点，如阿里巴巴、苏宁和国美。

Rochet 和 Tirole 对双边市场的分类是依据市场参与者的数量。一类是比较简单的双边平台企业，如电视、广播、婚介所等。它们的组成要素有且只有三个：平台企业、卖方、买方。另一类是相对较复杂的双边平台企业，如视频分享网站、信用卡系统、操作系统、电信网络等，组成它们的不仅仅是这三个要素，还有更多的参与者。

Armstrong 对双边市场的分类是依据平台的竞争程度。他将市场分为三类：第一类是垄断者平台，市场上只有一个垄断平台可供选择；第二类是有竞争性瓶颈的平台，两边用户可以随意在各个平台之间切换，从而形成了平台的"多重通道或多归属"；第三类是竞争性平台，市场中存在多个平台，但消费者只能选择一个平台进行合作，这种平台依然是单归属的。

Hagiu 将市场分为四种类型：第一类是中介市场，第二类是受众制造市场，第三类是共享的投入市场，第四类是基于交易的市场。

实际研究中一般将双边市场分为交易中介、媒体、支付工具、软件平台等四种类型。

1.2.2.4 双边市场定价行为的理论综述

双边市场具有非对称价格结构和价格倾向的特征，这一特征对传统单边市场的定价方法构成了巨大挑战，目前学术界对双边市场的定价问题进行了大量研究。

Rochet 和 Tirole 在考虑了双边市场需求弹性对平台定价影响的基础上，就市场创造型的双边市场平台，向双边平台收取交易费的定价策略问题进行研究，认为：在垄断市场结构下，某方的需求弹性越大，则对其定价越高，弹性越小则定价越低；如果一个因素导致市场一方被收取高价，必然会导致向另一方收取低价，从而通过较低的价格来吸引更多的用户，获取较高的利润。Caillaud 和 Jullien 将交叉补贴策略运用到双边市场的实践中，认为应根据不同客户群体实施不同的价格模式。

Armstrong 认为竞争性交易平台将对产品或服务差异程度较小、间接网络外部性较强的一方收取低价甚至免费。与单边市场不同的是，用户间的间接网络外部性使得双边市场的均衡价格通常与边际成本之间存在差异。双边市场中的交易平台面对价格弹性不同且相互之间存在间接网络外部性的双方用户，定价的焦点是将用户的网络外部性内部化，为交易平台的双边吸引尽可能多的用户。用户的需求价格弹性越高，间接网络外部性越强，对产品的

差异化要求越高，平台就越倾向于对该用户制定较低的价格，用
户间网络外部性的存在限制了交易平台运用市场势力进行价格加
成的能力。

近年来，国内学者对双边市场的定价问题研究逐渐升温，其
中杨冬梅、程贵孙、陈宏民等的观点极具代表性。杨冬梅从垄断
定价策略和掠夺性定价策略的视角具体分析了双边市场的企业定
价行为，研究认为：尽管某些平台企业拥有在该平台产业中的垄
断市场地位，但双边市场的需求相互依赖性限制了平台企业实施
垄断的能力。同时，平台企业对某边用户低于边际成本的定价策
略并不符合单边市场中掠夺性定价的基本特征，它的定价策略目
标是解决双边用户的平台参与问题。当然，在双边市场中平台企
业的价格结构向哪边用户倾斜取决于平台的性质，一些平台向消
费者进行价格倾斜，以低于边际成本甚至负价格向消费者提供服
务。程贵孙认为平台企业的捆绑销售策略行为不属于传统单边市
场意义上的捆绑销售。双边市场中平台企业的目标在于网络外部
性内部化，从而实现最低的交易费用和最高的利润。岳中刚对双
边市场的特征与类型、定价策略、定价的影响因素及其机理进行
了分析，最终得出双边市场的价格结构并不反映其成本结构的结
论。与杨冬梅的分析视角不同，胥莉、陈宏民和潘小军通过两阶
段模型，对平台企业的间接定价策略进行研究，分析得出：在双
边市场中，具有初始规模优势和较高品牌价值评价的平台企业将
设定更加倾斜的价格结构，同时通过这种倾斜价格结构的强化机
制削弱竞争对手。但是，当双边市场的交叉网络外部性比较弱的

时候，弱势平台企业可以不断提高双边市场用户的价值评价来获得更多的市场。

1.2.3 资产证券化的相关理论综述

1.2.3.1 资产证券化的界定与内涵理论

1977 年，美国投资银行家 Lewis Ranieri 在论述抵押贷款转手证券时，首次使用了"资产证券化"（Asset Securitzation）这一概念。此后，"资产缺乏流动性，但能够产生可预见的、稳定现金流的资产，通过一定的结构安排，对其风险与收益进行重组，以原始资产为担保，创设可以在金融市场上销售和流通的金融产品（证券）。更简单地说，资产证券化就是创立由资产担保的证券的过程。"

尽管资产证券化各种定义间有所区别，但不影响其在根本内容上的一致。本质上，资产证券化是在资本市场上进行直接融资的一种方式，与发行其他金融产品（例如债券及股票）类似，资产证券化发行人在资本市场交易中是通过向投资者发行资产支持证券进行融资。不同之处在于，资产证券化产品的还款来源是一系列未来可回收的现金流，产生这些现金流的资产可以作为基础抵押资产对资产证券化产品起到支持作用。因此，资产证券化的实质是：出售未来可回收的现金流从而获得融资收入。

根据基础资产的不同，广义的资产证券化包括实物资产的证券化和金融资产的证券化。狭义的资产证券化就是指金融资产的证券化，其中包括信贷资产支持证券和证券资产支持证券。信贷资产支持证券是以信贷资产为基础发行的证券，证券资产支持证券则是证券资产的再证券化过程，就是将证券或证券组合作为基础资产，再以其产生的现金流或与现金流相关的变量为基础发行证券。本书的资产证券化专指金融资产证券化。

1.2.3.2　资产证券化的现实意义

对资产证券化微观意义的探讨，总的来说集中在融资方式、融资成本、流动性和风险几个方面，大多数研究强调了资产证券化在这些方面的好处。资产证券化能降低融资成本，代表性观点主要有：Zweig 认为，资产证券化为原始权益人提供了一种降低风险、多样化资产组合的手段，增加了融资工具；Schwarcz 认为，资产证券化的吸引力在于引致的交易成本节省远远高于其他融资工具；Lacobucci、Winter 运用信息不对称模型说明资产证券化可以降低代理成本，提高公司效率。

关于资产证券化增加收益方面，Bharat A. Jain 认为，投资者因证券的高收益性、流动性和多样化而受益；Barbara J. Moss 认为证券化使参与其过程的各方都受益；Rosenthal、Ocamp 认为增加了发起人资产的流动性；Walid A. Chammah 则从法律角度研究了证券化的优势，包括提高资产的回报率、提供资金来源、资产负债匹配等（Nortonandspellman，1991）。

对于整个金融市场而言，Hirshieifer 和 Schwarcz 认为资产证券化引起了金融的脱媒，关系融资在向资本市场转变，银行与公开市场间的界限变得模糊，通过资本市场可实现低成本融资；Rosenthal、Ocamp 认为，证券化将融资过程分解，将融资过程不同阶段的风险分散，并由能够冲抵和管理这些风险的机构承担，从而降低了系统风险，提高了金融市场的效率。

1.2.3.3 资产证券化效率的综述

1969 年，美国经济学家戈德史密斯在其《金融结构与金融发展》一书中，通过资产证券化的经济学分析对其金融效率进行了细致的研究。他认为从微观角度来讲，金融工具的预期收益率、贷款者购置和出售以及借款者负债和偿债的成本与难易程度等因素都将对金融效率起到重要影响。而从宏观角度看，金融效率则受国民经济状况、金融发达程度和金融制度等因素的制约，金融发展就是金融结构的变化，研究金融发展必须以有关金融结构在短期或长期内变化的信息为基础。他通过对大量相关信息资料的研究，创建了衡量一国金融结构与金融发展水平的数量指标，为研究金融效率和资产证券化效率问题提供了启示。

王宏伟（2004）在《资本效率与经济增长》一书中，对资本效率和经济增长进行了理论和实证分析，不仅研究了资本最优配置对经济增长的影响，而且对中国的资本进行估算，考察中国的资本效率，运用交叉分类估算资本存量的方法进行估算，考察中国资本配置效率以及资本的积累效率和产出效率、资源配置效率对经济增长的贡献等。孙奉军（2004）在《资产证券化效率分析》中谈到资产证券化作为一个新型融资过程，必须借助于资金的供给与需求来实现，其效率高低取决于两方面因素：一是资金供给与需求规模能否达到一个规模经济，二是融资过程是否有完善的制度支持和保证。而资产定价是资产证券化运作的核心，能否对资产支持的证券进行准确定价会直接影响到资产证券化运作效率的高低。

1.3　本书研究方法和创新点

1.3.1　本书研究方法

本书研究用到了案例分析法，是以国内外优质银行为案例研究对象，通过分析其市场定位和业务结构、资产结构等多方面的要素，具体研究商业银行层次金融化与经营业绩的相关性。而比较分析法，则是本书研究中最基本的方法，通过比较金融市场参与主体和交易机制的差异性，得出商业银行层次化、差异化定位的结论，在此基础上寻求自身业务等各方面层次化分类，构建商业银行自身层次性的结构体系。并在比较商业银行不同层次业务、产品、资产的异同基础上，分析层次金融对于商业银行业绩的影响。

1.3.2　本书的创新点

本书的创新之处，主要体现在以下三方面。

一是在当前金融体系层次性发展的趋势下，针对商业银行的未来发展方向，提出了关于商业银行定位与业务体系构建运行的商业银行层次金融的概念。

二是对于传统的商业银行业务进行重新梳理，按照层次性的结构进行设置，突破传统业务界限，为实现资产负债的合理调节，打造全功能的金融服务银行奠定基础，这对于今后商业银行实践层面有着巨大的理论指导意义。

三是以资产证券化突破现有的业务藩篱，实现商业银行层次金融体系的构建运行。通过证券化的方式，对各项资产进行多样化的组合、分类，突破现有的业务藩篱，实现商业银行层次金融体系的构建与运行。以资产证券化方式实现商业银行层次金融匹配性问题，对于今后研究这方面的学者和银行实际业务操作者都有较好的启发作用。

1.4　问题提出：商业银行平台战略的体系构建——层次金融体系

伴随我国金融体系的高速发展和金融市场参与群体金融意识的不断增强，我国金融市场正呈现多维度、多层次的发展态势和结构构成，而作为金融市场直接或间接参与主体的机构和个人客户在资金融出、融入以及结算等多方面的需求，则呈现更为个性化的特征。相应地，作为国之重器、执一国经济之牛耳的商业银行，在此种种冲击下，其未来的发展方向也不再是简单中介之功能，而更多地将是于金融市场中作为具有层次化业务结构，为机构和个人客户提供服务的金融平台，即商业银行的发展方向，是供机构和个人客户驰骋金融市场，参与各项投融资活动的金融服务平台。

从自身的发展和功能而言，商业银行的本质是资金的中介平台。从传统存贷款业务的利差盈利模式看，其本质是从机构和个人客户手中，收集闲散、盈余或有增值保值需求的资金，通过金融市场直接或间接地调剂于资金的供需双方，即只是简单地将没有加工的资金在银行这个平台上，在资金供求双方之间进行调节。但伴随利率市场化的推进以及混业经营大潮的来临，本身拥有客户优势、资金优势、平台优势，同时传统盈利模式受阻的商业银行，无疑会借此机会，在金融市场中全面出击，发挥自身强大的平台优势，借以更加细分的业务、产品、服务等，来满足机构和个人客户的个性化资金需求，并将其合理对接于金融市场相应的层次之中。

为清晰界定平台战略这一商业银行未来业务发展的方向，笔者将其定义为：

平台战略是将商业银行作为一个金融平台，根据资金供求双方的实际需求和金融市场层次性划分的具体情况，有针对性地对业务进行层次性划分。同时，根据金融市场的情况，设计"标准化以及个性化的产品"，然后在金融市场中去寻找对应的层次市场和对应的交易对手，以满足客户各种标准化和个性化的需求。

要支撑这一战略，就需要商业银行构建自身的层次金融体系。

1.5 商业银行层次金融的界定

为深入研究商业银行层次金融理论，清晰界定商业银行层次金融，要在逻辑上从三个层级进行界定：第一层级是金融市场的层次性。由于市场参与主体的层次性需求和金融市场自身的不断发展完善，使得金融市场形成了层次性的体系架构，也为参与主体提供了多元化、层次性的参与机会。第二层级是金融市场参与主体的层次性。随着财富的积累，从个人投资者基本的储蓄安全需求，到逐渐增多的理财需求、结算需求、家族信托需求等，以及诸多的个性化金融需求；从机构投资者传统的存款、结算需求，到今天的各类保值增值、资产管理需求，客户对于商业银行的金融需求，呈现更加多元化和层次化的态势，这也要求商业银行发展定位的层次化更加清晰。第三层级是商业银行的层次性。在金融市场多层次机遇的诱惑和挑战，以及客户层次性需求的倒逼下，要真正发展平台战略，就需要商业银行在自身的金融平台上，有不同的层次业务区间、层次产品划分，来满足客户的多元化需求，并通过合适的金融市场层级，去满足客户的需求。而这也是研究商业银行层次金融的最大意义所在。

因为商业银行层次金融概念的提出，是为了应对金融体系呈多层次发展趋势的需要，商业银行只有通过对自身体系的层次构建，并结合资产证券化的方式，才能顺应金融业层次化发展的趋势，并满足未来战略发展的需要。因此，在研究商业银行层次金融的理论方面，通过对层次金融相关理论文献的研究，结合自身多年来的金融实践经验，笔者对商业银行层次金融进行了界定，以作为整体报告研究的基础。具体将商业银行层次金融定义为：

商业银行层次金融是指在金融体系呈多层次发展的趋势下，为满足客户层次化的金融需求，商业银行以自身为服务平台，在明确自身层次化定位的基础上，通过业务体系、产品体系、组织架构和资产等方面的层次化划分，构建层次金融体系架构，并以资产证券化的方式进行调节，以支撑平台战略的发展。

第 2 章

金融市场层次化对商业银行层次金融的需求

为使本书具有更多可实践的现实意义，本章根据我国金融市场当前发展态势和构成要素，分别按照金融市场的参与主体、金融市场的产品类型、金融市场的发行方式和金融市场的交易机制四个方面，对我国当前的金融市场进行划分，以明晰当前我国金融市场的层次化体系，来研究商业银行在构建层次金融方面如何构建自身的层次金融体系，以在金融市场和客户之间发挥平台作用，寻找适当的层次对接。要真正描述、理解商业银行的层次金融体系，首先要了解金融的层次化情况和客户的层次化情况，这既是客观存在的层次化，也是商业银行可参与的层次化。

2.1　金融市场参与主体的层次性

金融市场作为有形和无形的场所，其在由监管者建设后，要使其真正得以不断发展完善，并趋于活跃，实现其支持实体经济，推动经济发展之功能，核心更在于市场参与主体清晰的层次性划分。一方面，市场参与主体是强势的，作为金融市场的核心要素，其活跃程度直接决定金融市场的存续发展与否，可以说没有市场参与主体，就无从谈起金融市场。商业银行更是可根据市场参与主体的不同层次，进行差异化的营销，来有效对接金融市场，满足不同方面的需求。另一方面，市场主体又是弱势的，不同市场主体的风险偏好、风险承受能力等极为不同，可说是千差万别，若没有区别化的保护机制和分层机制，将难以有效引导市场参与主体防范风险，并容易引发过度杠杆操作、庞氏骗局等，吹大市场泡沫，可能导致群体性事件的发生，进而可能引致系统性金融风险，引起市场混乱，不利于我国金融市场的健康稳健发展。因此，本部分根据当前我国金融市场参与主体的不同，进行如下三类划分。

2.1.1 按照机构参与者和个人参与者层次进行划分

从 1990 年 11 月 26 日上海证券交易所创立起至今，我国金融市场的发展不断加快，各项基础设施建设日趋完善，市场的参与主体也在不断增多，但其参与金融市场的形式和种类却千差万别。

要明晰商业银行所构建的能够满足不同客户类别的层次金融体系，首先要区分金融市场中的参与主体。笔者根据参与主体的资金规模、参与的形式等，将参与主体大体分为机构参与者和个人参与者两大类，对于其区别也可理解为机构参与者作为法人参与者参与其中，而个人参与者则是以自然人的形式参与市场的资金融通之中。其中，作为法人的机构参与者，在我国包括商业银行、证券公司、保险公司、资产管理公司、信托公司、汽车金融公司、财务公司、租赁公司、各类私募和公募基金等金融机构，以及证券法规定的国有企业、国有控股企业和上市公司三类企业等；

个人参与者则专指作为自然人的参与主体。其中，机构参与者既可直接参与金融市场，也可通过委托方式参与金融市场，即既可作为委托方，也可作为受托方；而个人参与者，除直接参与金融市场外，可通过委托机构参与金融市场，但不可作为受托方参与金融市场交易。

相对于机构参与者，个人参与者无疑资金实力、抗风险能力均相对较弱。因此，我国在各类金融市场建立之初，便设置了各类对个人参与者的保护措施，以帮助其防控风险。在机构参与者和个人参与者可参与的市场方面，我国金融市场分为债券市场、股票市场、外汇市场和黄金交易市场等，具体可包括银行间同业拆借市场、银行间债券市场等银行间市场；上海证券交易所、深圳证券交易所、大连商品交易所、郑州商品交易所、"新三板"（全国中小企业股份转让系统）以及全国各类区域性的股权转让市场等。作为金融市场的参与主体，其既可直接参与到市场之中，也可通过委托的方式参与到金融市场的运作中。在直接参与市场的参与主体中，除机构间市场等要求必须为机构投资参与者外，其他市场对于机构参与者和个人参与者均可参与其中。同时，机构参与者和个人参与者还叫委托其他机构参与者参与到金融市场之中。

在直接参与金融市场方面，商业银行可直接参与到银行间拆借市场进行短期资金拆借，进行资金融通；也可通过银行间债券市场购买企业债、金融债，或发行金融债进行融资；同时也可参与外汇市场和黄金市场的各类交易，或通过设立银行系基金公司，参与股票市场交易等。在间接参与金融市场方面，作为资金需求

29

方的参与者，商业银行可通过信托公司发行信托计划，通过证券公司发行资管计划，或借助商业银行的平台，进行传统的信贷融资，或发行理财产品进行资金融通，也可借助商业银行或证券公司的各类投行业务，发行股票或债券融资。而作为资金需求方，商业银行可通过购买基金公司的基金、信托公司的理财产品、证券公司的资管计划、保险公司的保险产品等，将资金交与专业的金融市场参与者，规避自身专业知识和市场经验的不足，借助专业机构实现个人财富和机构资金的保值增值。

2.1.2　按照参与主体的资质进行层次性划分

在金融市场中，除大体划分为机构参与者和个人参与者外，为有效防控风险，还会从金融市场参与者的自身资质等方面进行划分，而这往往是出于对投资者保护的角度。如在欧美发达国家，往往会根据投资的年龄、财富情况来对投资者的投资范围进行规范。在我国，作为金融市场监管方的"一行三会"，即中国人民银行、中国银监会、中国证监会、中国保监会对各类参与主体，则从其参与的时间、资产等方面进行规定。如对 2014 年火爆的"新三板"市场，在《全国中小企业股份转让系统业务规则（试行）》、《全国中小企业股份转让系统投资者适当性管理细则（试行）》中，明确要求个人投资者需要有两年以上的证券投资经验，或具有会计、金融、投资、财经等相关专业背景，并且要求投资者本人名下前一交易日日终证券类资产市值在 300 万元人民币以上。而机构参与者也要求需有 500 万元证券资产以上。

在上海证券交易所的债券市场方面，《上海证券交易所债券市场投资者适当性管理暂行办法》明确要求个人投资者证券账户净资产不低于人民币 50 万元；而机构投资者资产不低于人民币 100 万元；证券账户净资产不低于人民币 50 万元。

参与股指期货交易也设置了相应的门槛，要求期货公司会员为自然人投资者申请开立交易编码：申请开户时保证金账户可用资金余额不低于人民币 50 万元；具备金融期货基础知识，通过相关测试；具有累计 10 个交易日、20 笔以上的金融期货仿真交易成交记录，或者最近三年内具有 10 笔以上的期货交易成交记录等。

同时，商品期货、沪港通等也均对机构参与者和个人参与者做了相应的交易年限和个人资金方面的要求。在商业银行方面，针对各类个人参与者的理财产品，也设置了细分标准，对于一般客户设置 5 万元、10 万元的基础金额，对应相应的收益率和期限保证；而对于 500 万元、800 万元以上的私人银行级客户，由于其承受风险能力更强，同时由于财富水平更高，能够为银行带来更为丰厚的中间收入，因此其相应的利率水平也会更高。即使是传统上最没有门槛的存款，在我国存款保险制度实施后，也仅对 50 万元以下的个人存款进行保兑，以倒逼个人投资者更加关注自身的风险水平，并合理评估商业银行的风险。

2.1.3　按照参与主体需求进行层次性划分

对于金融市场的参与主体，还可按照其参与金融市场的需求进行层次性划分。具体可分为融资需求、资产保值增值需求、安全保障需求和支付结算需求四类需求层次。但这四类需求层次对于机构参与者和个人参与者的要求却各有不同。

第一,融资需求层次的市场参与者。融资作为金融市场最为传统的功能,机构参与者可以选择通过直接融资和间接融资等多种方式参与金融市场,可以分为通过商业银行进行传统贷款融资的机构参与者,在证券市场通过发行股票、债券进行直接融资的机构参与者,通过信托、基金、融资租赁公司等方式进行融资的机构参与者,以及金融机构间进行短期资金融通拆借的机构参与者。而个人参与者在融资需求方面,相对于机构参与者可进行的操作相对较少,主要是通过商业银行的消费贷款、经营性贷款、信用卡等方式短期融资。此外,还有各类非银行金融机构如小贷款公司、消费金融公司等的个人融资,可称之为类银行或作为银行融资辅助的个人参与者融资方式。同时,还存在各类民间借贷和其他融资方式。

第二,资产保值增值需求层次的市场参与者。市场既然存在融资需求方,就必然存在着相应的资金供给方,而资金供给方参与金融市场的目的主要是以实现资产的保值增值为主。这类机构参与者主要包括:一是肩负国家安全使命,为实现国有资产保值增值的国有企业及其所属的各类财务公司,其参与金融市场的方式可以通过购买信托公司的理财产品、证券公司的资管计划等间接参与金融市场;二是社保基金和养老基金等肩负社会保障功能的机构,在我国处于人口老龄化时期,同时基金偿付存在一定困难,使得此类机构参与我国股票市场等的主要需求为资产的保值增值;三是各类金融机构，参与股票市场、证券市场、外汇市场和贵金属交易市场、期货市场等的主要需求是套期保值需求和完全以盈利为目的的投资增值需求。而对于个人参与者，其在参与金融市场时，资产的保值增值则是其参与金融市场的主要动机，如购买商业银行等各类金融机构的理财产品、各类基金产品等，或直接参与股票、债券和期货市场等，均属于寻求资产保值增值层次的市场参与者。

第三，安全避险需求层次的市场参与者。对于机构参与者而言，在参与金融市场的同时，更多考量的是自身的风险承受能力和资金安全性的避险需求。为此，此类市场参与者对金融市场业务和产品进行选择时，往往将风险防控作为首要考虑的层次。早在 20 世纪早期，伟大的经济学导师凯恩斯便将安全性定位为金融学"三性"（安全性、流动性、盈利性）的第一位。而主要为客户提供金融安全保障、满足客户避险需求的保险公司，便是这一需求层次的主要交易商和产品提供者。对于机构参与者，主要体现为进行各类金融业务时的保险，如当前在我国发展较好的商业银行保证保险业务、信用保险业务等。而对于个人参与者，则主要覆盖人身安全和财产安全两方面，包括养老保险、人身保险和机动车商业保险等多种业务。尽管期货交易同样具有套期保值、规避风险的功能，但笔者将追寻此类需求的市场参与者划入资产保值增值的市场参与者层次[1]。

---

① 期货市场最初的功能主要是为现货交易者提供套期保值，防控风险，但今天在各类对冲基金的演化下，以及我国当前的认知，其已更多体现为对资产增值保值的功能，故笔者将其参与者列入资产增值保值需求的市场参与者层次内。

第四，支付结算需求层次的市场参与者。金融市场除具有融资、投资功能外，其另一大功能便是支付结算功能。在金融史上，认为商业银行的最早起源，便是由在荷兰经营支付结算业务的机构发展而来。由此可见支付结算功能对于商业银行的重要性，而在支付结算的划分层次中，机构参与者和个人参与者在市场中的地位可说是不分伯仲。对于机构参与者而言，各类大额转账支付需求、通过国内外各类金融市场进行的跨境结算需求、金融机构间的结算轧差需求等均属于这一层次。对于个人参与者，从各类银行卡、信用卡结算，到如今的微信、支付宝结算，均属于此类。可以说，支付结算需求直接贯穿着社会生产生活的方方面面。当前伴随我国支付牌照的逐渐放开，以及通过结算而发展融资业务的阿里模式的兴起，支付结算需求层次在金融市场和金融机构各自层次体系中的地位愈发重要，并直接关联着其他各项业务层次。

2.2 金融产品的层次性

金融市场可分为需求和供给两方面。在对金融市场参与者按照资金规模、风险防控能力、整体资质和需求等进行层次划分，明晰金融市场参与者的不同参与层次后，还要对金融市场的供给层次进行划分。根据经济学的经典理论——萨伊定律，需求必然产生供给。层出不穷的金融创新更是源于金融市场多层级需求者的"强烈需求"而产生的。而金融市场最为重要的供给，便是金融产品。根据金融市场中参与者的不同需求层次，金融市场中的产品同样可划分为相应的层次。一般来说，可分为融资层次产品、保值增值层次产品、安全避险层次产品和支付结算层次产品四大产品层次。

2.2.1　融资层次的金融产品

融资层次金融产品按照传统的划分方法，可分为直接融资类金融产品和间接融资类金融产品。间接融资类金融产品为，以各类金融市场的机构参与者为媒介，间接获得融资的各类产品，包括各类商业银行、小贷公司的贷款融资，典当行典当融资，租赁公司的金融租赁融资、商品租赁融资，信托公司发行专项信托计划金融的融资，证券公司的资管计划融资等。而直接融资类金融产品则是金融市场参与者直接进入金融市场内，以股票、债券等形式金融产品进行的各类融资。

2.2.2　资产保值增值层次的金融产品

金融市场上保值增值层次金融产品以资本市场产品为主，货币市场产品为辅，主要包括股票类产品、债券类产品、基金类产品、期货类产品、外汇类产品、存款类产品等。各类产品可进一步划分。股票类产品在我国按交易场划分，包括上海证券交易所主板上市交易的股票、深圳证券交易所中小板、创业板上市交易的股票、"新三板"上市交易的股票以及上海证券交易所即将推出的战略新兴板上市交易的股票等。各类股票按产品类型又可具体分为优先股、普通股，以及股票附属产品（如各类权证）等。债券类产品则包括国家债、金融债、企业债、公司债等，在此基础上还包括可转债，抵押支持债、担保支持债等，以及通过资产证券化形成的各类债券。基金类产品包括各类开放式基金产品和私募式基金产品、公募基金产品和私募基金产品等。期货类产品则主要包括在我国大连商品交易所和郑州商品交易所交易的各类商品期货，在中国金融期货交易所交易的各类股指期货和股指期权，在我国再度重启的国债期货等，以及在上海黄金交易所交易的黄金等金属期货。外汇类产品则包括各类美元、欧元、日元等直接和间接交易的期货、期权和货币互换等。存款类产品则包括传统的银行存款产品、大额可转让存单以及各类货币型基金等货币类产品。

2.2.3　安全避险层次的金融产品

此层次金融产品主要以保险公司的各类产品为主，包括寿险类的健康险、人身安全险等产品，财险类车辆险、责任险、巨灾险等产品均可纳入此类产品层次。同时，伴随我国社会保障体系的日趋健全，各类社会保障需求日趋强烈，社会保障类保险产品的层次也进一步细化，商业保险开始大举进入社会保险体系，包括如养老保险、医疗保险、失业保险等具有社会保障性质的商业保险已成为各家保险公司的重要业务构成。此层次产品在肩负着安全避险、保障功能的同时，盈利保值增值要求也在不断提高，因此在资金运用方面，由保险公司的资产管理公司、社保基金和养老基金等操作按一定安全比例进入资本市场，与相应保值增值类产品对接的资金比重也在不断增加。目前，我国正在积极研究，引入如美国共同基金类侧重于投资者安全的产品，以增加金融市场参与者在安全避险类产品层次的可选择范围。

2.2.4　支付结算层次的金融产品

在金融市场对于支付结算存在大量需求的背景下，当前我国的支付结算市场也获得了高速发展，支付结算产品的层次体系日趋完善。但由于支付结算业务主要依托于中国人民银行的支付结算系统和商业银行的支付结算体系，因此目前的支付结算产品主要集中于商业银行产品体系。目前商业银行的支付结算产品主要包括银行转账、商业汇票、商业本票、银行承兑汇票、托收承付、委托收款、汇兑、银行借记卡、银行信用卡等。但随着互联网金融的兴起，如阿里巴巴和腾讯公司等拥有庞大的客户资源和巨量的交易数据、社交数据，并依靠其各自的平台优势，在支付结算产品方面，大有赶超商业银行之势。同时，在我国支付结算牌照放开后，如 VISA、万事达等国外支付结算公司进入，以及各类支付结算公司的不断涌现，中国银联不再作为唯一的支付清算平台，将促进我国支付结算市场的发展，同时也将引进更多的支付结算产品，以满足我国金融市场参与者的支付结算需求。

2.3　发行方式的层次性

在金融市场上，众多机构参与者要想通过直接融资的方式来满足自身的融资需求，便需借助发行股票、债券等方式进行直接融资。在发行方式上，因发行主体各项资质的差异，也会划分为不同的发行层次，大体可分为公开发行和非公开发行两个层次。

2.3.1 公开发行的层次

公开发行也称为公开募集（简称公募），是指在事先不确定发行对象的情况下，向社会公众公开发行的方式。公募普遍适用于股票发行和债券发行。就股票发行而言，如国外在纽约证券交易所、纳斯达克证券交易所、伦敦证券交易所公开发行的股票，均属于公募发行。在我国如上海证券交易所、深圳证券交易所首次公开发行的股票也属于公募发行。从 1990 年上海证券交易所成立算起，我国股票公募市场已经历 20 余年的高速发展，在企业公募发行股票的条件、程序等方面日趋完善，并已形成了主板、中小板、创业板等不同的发行层次，且不同的发行层次，在规模、盈利要求、信息披露、外部审计等方面均进行了差异化的设定。

按照在发行过程中是否有中介机构的参与，还可分为直接发行和间接发行。直接发行是指发行方不通过中介机构，自行发行股票、债券，独自操作发行事宜，并承担发行风险的发行方式。而间接发行又称为委托发行，是指委托证券公司等中介机构进行有偿发行的方式。目前，由于在我国实行保荐人制度，因此主要以委托发行为主，且受委托的机构仅为具有牌照的证券公司。

证券公司作为受托方进行股票、债券发行时，根据销售方式的不同，具体可分为代销、余额包销和全额包销三类。代销是指发行方与代销机构约定发行方式、发行期限和发行价格，约定在发行期限内尽力销售股票或债券，并在销售截止期将未销售的股票或债券返还于发行方。余额包销是指在约定的销售期内，未销售的股票或债券，由受托销售的证券公司认购。全额包销则是指发行方和受托机构约定发行价格，并由受托机构全额认购发行的股票或债券，再对投资者进行分销的发行方式。代销、余额包销和全额包销是否会有发行失败的风险依次递减，因此付给受托机构的发行手续费呈反向关系，即代销、余额包销和全额包销的手续费依次递增。除此之外，按照发行的价格，也可分为折价发行、平价发行和溢价发行三个层次。目前我国因股票发行属审批制，故上市公司及其股票属稀缺资源，因此多为溢价发行。债券发行方式也可按此三个层次进行划分，即折价发行是指低于债券面值进行发行，按票面还本。一般此类债券较少支付利息，而以折价部分作为债券的额外利息收入。平价发行是指按照债券的票面金额进行发行，并定期支付利息，到期还本。溢价发行则是指按照高于票面金额进行债券发行，并到期还本。一般按此发行的债券，票面利率会高于市场利率，以弥补购买者的溢价部分。

2.3.2　非公开发行的层次

非公开发行也称为私募，是指针对特定发行对象进行股票或债券发行的方式。私募区别于公募的一项重要不同在于：其人数相对较少，且部分无须在证券监管部门登记。在人数方面，各国法律对私募均有所限制，如美国证监会对于私募的规定是合格投资者和不超过50人的非合格投资者，而其他很多国家一般将私募人数限定为50人。在我国，《信托法》将私募人数限定为200人，即200人以下为私募，超过200人则为公募，要到证监会进行登记注册，否则便可视为非法融资。如之前引发广泛关注的吴英案，便是人数上大大超过了上限，但却未在证监会进行登记注册，因此被认定为非法集资。

我国金融市场经过20余年的发展，公募和私募发行方式在股票和债券发行领域均已日趋成熟。对于股票发行，一般表现在前期针对特定机构的原始股认购和定向增发方面，目前以定向增发方式进行私募认购方式较多，具体又分为有偿定向增发和无偿定向增发。有偿定向增发是指投资者以折价、平价或溢价的方式认购公司新发行的股票，按照我国《证券法》的规定，股票的定向增发价格一般为上市公司发布定向增发公告之日起，前20个交易日的平均价格确定定向增发价格的最低价，在具体定价时会受市场牛熊变化的影响。如在2015年我国股市明显处于牛市，价位火爆，平安银行针对控股股东平安集团等的定向增发，便明显高于市场价格的最低价。

相对于股票发行制度以公开发行为主，我国的债券发行制度则以非公开发行为主。其中，公司债更是在2015年明确以非公开发行为主，同时地方债也正向非公开定向发行与公开发行并行发展的方向推进，目前仅企业债仍保持公开发行的方式。

我国公司债在2015年之前为公开发行，但在2015年1月发布的修订版《公司债券发行与交易管理办法》中，中国证监会明确将我国债券的发行方式由公开发行转向为非公开发行，并建立了相应的非公开发行制度。同时将发行主体由境内上市公司、证券公司等扩至所有公司制法人。非公开发行债券的交易场所也扩大为上海证券交易所、深圳证券交易所、全国中小企业股份转让系统、机构间私募产品报价与服务系统和证券公司柜台。

2.4　金融市场交易机制的层次性

在金融市场中，除参与主体、金融产品等呈现层次性划分外，金融市场本身的交易机制也呈现出层次性的特征，具体可按照以下四个维度进行层次性的划分。

2.4.1　场外交易与场内交易的层次性

传统上，将金融市场交易机制划分为场内交易和场外交易（也称柜台交易，OTC，Over – the – Counter Market）两部分。场内交易是指在标准的证券交易所内，按照约定交易形式进行的股票及其他有价证券交易。场外交易是相对于场内交易而言，是指交易双方在证券交易所外按照双方自行约定的价格进行的各类交易。其中，交易所是指如纽约证券交易所（New York Stock Exchange，NYSE）、纳斯达克（美国全国证券交易商协会自动报价表，National Association of Securities Dealers Automated Quotations，NAS-DAQ）、伦敦证券交易所（London Stock Exchange，LSE）、上海证券交易所、深圳证券交易所等股票、债券交易场所，芝加哥期货交易所（Chicago Board of Trade，CBOT）、芝加哥商品交易所（Chicago Mercantile Exchange，CME）、伦敦国际金融期货期权交易所（London International Financial Futures and Optional Exchange，LIFFE）、欧洲期货交易所（The Eurex Deutschland，EUREX）、上海期货交易所、大连商品交易所、郑州商品交易所、中国金融期货交易所等期货交易所，以及如上海黄金交易所等其他各类交易所。

尽管场外交易的名称是相对于场内交易而言，但场外交易出现却远早于场内交易。在荷兰作为"海上马车夫"时代，场外交易便早已有之，如当年知名的"郁金香事件"即是在场外交易下形成的。而场内交易中处于全球主导地位的纽约证券交易所则是直到1792年5月17日，由纽约24位经纪人在梧桐树下订下"梧桐树协议"，方才正式成立，至今不过两百年的历史。

相对场外交易，场内交易一般实行会员制，有固定的交易场所、明确的交易方式、固定的交易人员，同时对在交易所挂牌交易转让的企业有明确的入场条件和退市制度，并对参与场内交易的投资者有明晰的准入条件。当前，世界各大交易所在各国监管机构的掌控下，掌控、调节各类证券、商品、能源等的价格，影响着全球经济的走向。而场外交易则自由度相对较高，往往处于监管之外的真空地带。因此，目前世界各国均较为重视场内交易，即使初期实行场内交易和场外交易同时支持的策略，但也趋向于在长期内重点支持交易更规范的场内交易。

目前，我国的场内交易市场包括上海证券交易所、深圳证券交易所、上海期货交易所、大连商品交易所、郑州商品交易所、中国金融期货交易所、上海黄金交易所、全国中小企业股份转让系统以及全国各地的区域性产权交易所。

2.4.2　集合竞价交易制度与做市商交易制度的层次性

在场内交易和场外交易的层次划分下，交易制度同样可以进一步划分为集合竞价交易制度和做市商交易制度。其中，集合竞价交易制度是指在规定时间内，由投资者根据前一交易日的收盘价和对于股票走势的判断进行出价，随后交易系统会按照价格优先、时间优先的原则进行排序，并找出基准价。做市商交易制度则是指由特许交易商在市场交易中充当中介，其不断向证券买入者和证券卖出者进行报价，并分别与其进行交易。

传统上，场内交易一般使用集合竞价的交易制度，场外交易一般使用做市商交易制度。但为满足各类场内交易市场的层次化金融需求，目前场内交易往往对于不同层次的产品，分别实行集合竞价交易制度和做市商交易制度。其中集合竞价交易制度主要用于传统的股票交易，而做市商交易制度则多见于债券和期货期权等金融衍生品交易。如纽约证券交易所、伦敦证券交易所实行集合竞价交易制度，而芝加哥商品交易所、芝加哥期货交易所、欧洲期货交易所、伦敦国际金融期货交易所则实行做市商交易制度。在我国，集合竞价交易制度和做市商交易制度并存，且在做市商交易制度方面，除银行间债券交易市场允许银行作为做市商外，一般只允许证券公司和期货公司作为做市商。上海证券交易所同时实行两项制度，对于股票交易实行集合竞价交易制度，而对国债、企业债券和资产证券化债券等通过上海证券交易所的固定收益证券综合电子平台实行做市商交易制度，同时对于股指期货、期权等也实行做市商交易制度。而深圳证券交易所的股票交易也实行集合竞价交易制度。但"新三板"的股权交易，银行间债券市场的债券交易，以及大连商品交易和郑州商品交易所的期货、期权交易则实行做市商交易制度。

2.4.3　做多机制与做空机制的层次性

分析金融交易机制的层次性方面，便不能不分析其中的做多机制和做空机制。做多机制即允许投资者对于交易品种价格看多、看涨而买入的机制。而做空机制则是相应的看跌交易品种价格而卖出的机制。传统的股票市场一般只有做多机制，做空一般是通过股指期货、股指期权等方式来进行。因此，做空机制主要见于期货期权市场，其标的可以是商品、黄金、外汇等，也可以是股指、股票、债券等。做空机制设计的初衷，是为了平稳市场，防控市场单边风险。我国在 2015 年推出的股指期货便是为了起到平稳市场的作用。而商品期货中的卖空机制，是为很多现货卖家防止远期现货商品贬值而进行套期保值之用。但伴随金融业的发展，看空机制越发成为各类投资的盈利手段。世界知名投资大鳄索罗斯对于英镑、泰铢的冲击，便是企图通过做空机制进行牟利，而非保值。1997 年香港对于索罗斯的阻击战，更是做多与做空的经典案例。而我国在资本市场发展初期，由于对做空机制的引入不慎恰当，也曾因"3·27国债"事件的不良影响，将国债期货的做空机制短暂撤销。连美国也曾在2008年次贷危机期间，列出过禁止做空的股票名单。但同时也应看到，我国传统股票在没有做空机制的情况下，长期呈牛短熊长的态势，每次由牛转熊的大跌，往往也会使投资缺乏足够的风险防控手段，损失惨重。而做空机制机却有着套期保值，反向操作维持现货收益的作用。因此，我国在发展做空机制的同时，只要监管得当，保持金融市场的合理有序发展，是可以实现做空机制稳健发展的。

2.4.4　交易频次的层次性

在划分金融市场的交易机制方面，还应充分考虑到交易频次的层次性。因做市商交易制度的交易频次一般无太大差异，故对于交易频次的层次性划分，主要涉及集合竞价交易制度。

伴随电子设备和科技网络的高速发展，通过计算机进行交易，由专门的软件根据预设好数据进行判断，并实现高频次交易的高频交易逐渐进入金融市场，并与传统的所谓低频交易形成了场内交易中集合竞价交易制度中的两个层次。在20世纪90年代后期，计算机和互联网技术高速发展后，通过计算机控制的高频交易逐渐占据华尔街等金融市场的大量交易份额，同时也引起各界的诸多争论。主要源于，高频交易一方面能够通过电脑对各类信息进行快速收集、加工处理，进行大数据分析，迅速抢占市场先机，受到一些交易者的高度支持。同时高频大额交易自然能够为证券交易所带来更多的交易手续费收入，自然受到各类交易所的高度追捧。但另一方面，高频交易的分析往往带有顺周期性，更注重技术面的分析，而忽略了所投资企业的基础面，这使得在市场高涨时，会推动市场成为疯牛，可能进一步催大泡沫。如在 2000 年美国纳斯达克科技股的泡沫破裂后，由前美联储主席沃尔克带领的调查团队，便将高频交易及所谓的程序交易视为科技股泡沫的一大祸根。但客观来说，高频交易和低频交易各自有其可取之处，高频交易也是科技发展的产物，应取其精华，对利用科技进行数据迅速处理的能力加以合理运用。

第 3 章

商业银行在层次化金融市场中的定位

在 金融市场呈层次化发展的趋势下，商业银行作为金融市场中
最为重要的组成要素，其所面对的运营环境、交易机制、客
户金融需求等方面均呈层次化发展态势。为此，商业银行如何借
助我国利率市场化和混业经营的机遇，推进自身的改革，重新在
金融市场中明确自身的定位，以发挥其应有的作用，满足层次化
金融市场的运营要求和各类客户的金融需求。

3.1　商业银行在层次化金融市场中的作用

要明确界定商业银行在层次化金融市场中的定位，首先要明
晰商业银行在金融市场中的作用。在我国传统的金融市场中，商
业银行是金融市场中主要的参与主体和各类金融商品的提供者。
而伴随我国金融市场的不断完善，金融市场各类要素的不断增多，
从市场参与主体，到提供金融产品、金融服务的方式，以及对于
各项金融政策的传导和对市场的自动调节等多方面，商业银行在
金融市场中的作用都在发生着巨大变化，且其在金融市场中所起
作用，伴随着金融市场对一国乃至全球宏观经济的影响而不断加
大，进而商业银行之于金融市场的重要性愈发显现。具体而言，

商业银行在层次化金融市场中的作用主要表现在以下四个方面。

3.1.1　商业银行是层次化金融市场中重要的参与主体

在层次化的金融市场中，最为核心的市场要素无疑是市场参与主体。市场参与主体直接承担着市场有效运行的功能。而在市场参与主体不同维度的划分中，商业银行作为规模最大、与国计民生关系最为紧密的金融机构群体，无疑是最为重要的参与主体。

一方面，商业银行是金融市场中最为重要的机构参与者。在机构参与者与个人参与者的划分维度中，商业银行作为大型商业性金融机构，以机构参与者的身份参与金融市场的运行，既参与各项交易机制的制定，同时也是各类交易的直接参与者。既是金融市场中各类金融产品的提供者，同时也是各类金融产品的购买者和做市商。在传统金融市场中，如在我国金融市场的发展初期，市场中仅有商业银行这一唯一的机构参与者，在金融市场中具有天然的垄断地位，其仅受制于作为监管方的中央银行（当时尚无银监会、证监会和保监会等专门监管部门，中央银行集货币发行权和金融监管权于一身）。伴随金融市场各项机制的逐渐完善，各国之间联系日趋紧密，且在金融市场已呈现层次化发展的态势下，市场中各类机构参与者的数量和种类日趋增多，证券公司、基金公司、信托公司、保险公司等都已成为重要的市场参与主体。但在各类参与主体中，商业银行仍然是其中最为重要的机构参与者。如在我国，截至 2015 年 6 月 30 日，商业银行这一最大的金融机构资产规模达 172.33 万亿元，占我国金融机构总资产的比例达

90%；负债规模也高达 160.02 万亿元。可见，商业银行作为金融
市场中最为重要机构参与者的地位难以撼动。这也使得在混业经
营趋势下，几乎参与金融市场各方面的商业银行，实质成为整个
金融市场的"做市商"，垄断效果丝毫不亚于其在传统金融市场中
的地位。

　　另一方面，商业银行是个人参与金融市场的重要平台。尽管
在金融市场的机构参与者与个人参与者划分中，商业银行以机构
参与者的身份出现，但对于个人参与者而言，商业银行的作用同
样不容忽视。因为在金融市场的众多交易机制中，都对个人参与
者进行了诸多限制，使得个人参与者要充分参与金融市场，便只
能借助机构参与者，而机构参与者作为个人参与者的受托方，历
史最为悠久、功能最为全面、客户群体最多、社会信誉度最高的，
无疑是商业银行。且在层次化金融市场中，之所以根据参与者的
资质进行划分，就是为了保护个人参与者，进行风险防控，并评
估其风险承受能力。这在制度方面，是由监管部门，如人民银行、
银监会、证监会等制定的。在实际操作中，则是由机构参与者根
据各项交易机制的要求，以及各类产品、交易场所对参与者的限
制，机构参与者在为个人参与者提供参与金融市场平台的同时，
进行相应的限制，以保护个人投资者。商业银行在为个人参与者
提供参与金融市场的平台时，传统上是通过存款、贷款等方式，
由个人借助商业银行这一平台参与各类投资项目。而伴随层次化
金融市场的划分及商业银行层次化金融体系的构建，在层次化金
融市场中，商业银行已开始通过投资金融服务、结算金融服务、

保值增值金融服务、融资金融服务等，为个人参与者提供参与金融市场的平台，并根据不同的金融服务定制个性化金融服务和产品，以保护个人参与者。具体而言，商业银行在为个人参与者提供金融服务平台方面，以理财服务为例，商业银行在向个人出售理财产品，实际上是在个人参与者自身经济实力和风险辨别能力较弱的情况下，借助商业银行这一机构投资者的平台，参与自身无法识别风险，或难以以个人名义参与的投资项目。同时，商业银行为保护个人参与者，也会在明确告知风险的同时，对其进行风险承受能力的评估，并根据其不同的风险承受能力和盈利需求，推荐相应层次的理财产品，即商业银行在为个人参与者提供参与金融市场服务平台的同时，还对平台参与者进行各类保护。

因此，商业银行作为市场参与主体的作用，在实际运营中，既代表着机构参与者，同时又代表着个人参与者。故金融市场无论向何方向发展，其发展基础和引导的，均主要是商业银行。而金融市场的层次化发展，也必然伴随着商业银行的层次化发展。

3.1.2 商业银行是层次化金融市场中各类金融产品的重要提供者

在金融市场中，除参与主体外，另一重要要素便是金融市场中交易的金融产品。金融产品是金融市场中各类金融服务的现实载体，是金融活动中经营和交易的标的。在之前，商业银行所提供的金融产品仅为存贷款产品，以及保险公司、证券公司等提供的传统产品。但随着金融市场的层次化发展，市场中的金融需求、金融服务等也呈层次化的发展，而相应的金融产品也如"第2章金融市场层次化对商业银行层次金融的需求"中"金融产品的层次性"部分讲述的，将金融产品划分为融资层次的金融产品、资产保值增值层次的金融产品、安全避险层次的金融产品和支付结算层次的金融产品四类。但应看到，尽管产品划分为不同的层次，且在分业经营的限制下，其提供者也为多类金融机构，如股票、债券等融资类金融产品可由证券公司等提供，商业保险等安全避险类金融产品由保险公司等提供。但伴随混业经营、全能银行制度在全球的推进，我国也正在研究修改《商业银行法》，允许商业银行进行混业经营。考虑到当前，商业银行是金融市场中唯一可公开吸收存款的金融机构，也是金融市场中最大的资金提供者（其他类金融提供各类金融产品服务时，最终的资金融出方也多为商业银行），且客户普遍同时为商业银行的客户，因此，在混业经营后，将使得商业银行成为金融市场中最大的金融产品提供商，其影响力将进一步扩大，并成为层次化金融市场中最为重要的金融产品提供商，并可根据金融市场中不同层次的金融需求，提供相应层次的金融产品，以满足金融市场中的各类金融需求。

综上所述，作为金融市场最为重要的金融产品提供商，商业银行一方面作为参与主体在金融市场中进行交易、运营。另一方面商业银行同时提供着金融市场中的交易标的。而金融市场能够呈层次化发展态势的一个重要影响因素，便是其中的金融服务、金融产品是否呈多维度、层次化的构成，以满足不同层次的金融需求，而这又直接取决于金融产品的提供商——商业银行。即商业银行的层次化体系构建情况直接决定着其所提供产品和服务的层次化，进而间接影响着金融市场能否朝层次化方向发展。

3.1.3　商业银行是层次化金融市场中各项交易机制的调节者

在层次化的金融市场中，发行方式、交易机制是维持市场合理运行的基础设施，而维持这一基础设施合理运行的，无疑是市场中最为重要的参与者——商业银行。

在发行方式方面，无论是公开发行还是非公开发行，是针对股票还是债券，要推进各项金融产品进入市场融资，都需要金融机构的帮助。在分业经营的牌照管理模式下，证券公司、基金公司与商业银行一同作为这一市场调节者，推动着发行市场的发展。尽管受到牌照管制的束缚，在我国如股票发行等，商业银行仍处于辅助地位，但随着混业经营的到来，我国必将如美国等金融业发达国家一样，由商业银行主导这一市场。

在交易机制方面，一是市场本身的交易机制需要商业银行从中调节。在做市商交易制度方面，需要大型金融机构作为做市商，与市场中的购买者和出售者进行交易，从中协调价格。即无须交易对手出现，只要有做市商存在，在合理的价格波动区间内，即可完成交易，以保证市场的流动性。在我国，银行间债券市场实行的便是做市商制度，而商业银行是其中重要的做市商。商业银行的参与，和对价格、交易量的调节，直接影响着市场的流动性和活跃程度。二是作为市场的重要参与主体，商业银行无论在场内市场还是场外市场，作为多方还是空方，由于强大的资金实力，都直接影响着市场的走势。如在美国，华尔街几家大型银行联手，便可以直接影响着市场走势。尽管当前监管部门的影响力日趋强大，已无须像 1907 年那样，由摩根召集会议来救市，但无论在美国还是我国，股灾发生之际，亦均需如商业银行等大型金融机构的参与，以对市场施加更大影响。

3.1.4　商业银行是层次化金融市场中重要的金融政策传导媒介

商业银行除以金融市场中重要的参与者和交易机制的调节者身份影响金融市场的运行外，还是货币政策制定者和监管层通过"看得见的手"影响金融影响的重要传导媒介。

伴随全球金融业的迅猛发展，各国金融业对本国经济的影响愈发显现。特别是如美国式的经济发展模式下，金融业在 GDP 中所占比重远超过其他行业，其发展态势直接影响着该国的发展态势，且远远超过实体经济对本国经济的影响。即使如德国以制造业实体经济为主导的国家，金融业的影响同样巨大。伴随全球经济一体化的进程，各国金融业间的关联度不断增加，如美国、中国等大型经济体的金融一旦发生系统性金融风险，便会牵一发而动全身，影响全球金融业。而对于金融业健康运行情况最为明显的判断依据，便是金融市场的运行情况。这其中，涵盖了如股市、债市等资本市场的运行情况，以及如商业银行等大型金融机构的运行情况。且由于商业银行等大型金融机构较大的体量规模，以及与市场中各方的密切联系，使得一国内的系统重要性金融机构商业银行的风险防控水平直接影响着整个金融市场的健康运行。一旦有系统性金融风险发生，货币当局和监管部门对于市场的调控，其直接的媒介和抓手无疑也是以商业银行为主的大型金融机构。

在中央银行等货币当局根据经济的运行情况，通过调节金融市场进而调节宏观经济时，无论是通过公开市场操作，还是通过法定存款准备金率等方式，调节流动性的主要交易对手或直接影响方，均是商业银行。即通过对商业银行这一金融市场中最大的资金供给方和需求方的流动性调节，影响商业银行在信贷、交易等方面的流动性，以此来调节金融市场的流动性。因此，商业银行可被视为货币政策制定当局影响金融市场的主要媒介。同时，在发达国家，如英格兰银行等，作为中央银行的股东本身便是各主要商业银行。这使得各大商业银行在通过对货币政策施加影响进而影响金融市场方面，有了更大的影响力和话语权。

3.2　商业银行在层次化金融市场中的经营

如上节所述，商业银行在金融市场中，凭借其在国民经济举足轻重的地位，既在交易机制、市场体系等方面参与市场规则的制定，同时进行政策传导、提供市场服务以调节市场，并直接参与各项交易。可谓集三种身份于一身，而其于市场作用之大，更体现在商业银行在层次化金融市场中的调节。即商业银行在充分参与金融市场的同时，将自身打造成为全功能的金融服务平台，帮助客户更好地参与市场、满足客户的需求，并推动着金融市场的进一步细分化、层次化发展；反过来，又以层次化金融市场的各类层次满足客户的需求。这也就是本书所提出的平台战略，在平台战略下，商业银行努力找准自身重点服务的层次，经营自身业务、满足客户需求，并推动金融市场的有序、层次化发展。

3.2.1　商业银行在层次化金融市场中定位的层次性

在金融体系呈层次化发展的趋势下，对于整个金融市场而言，商业银行是市场的参与者；对于客户而言，商业银行则是为客户提供金融服务的平台。商业银行的两边分别是金融市场和客户。一边是金融市场，从产品种类、交易机制、发行方式到金融创新，多方面都呈现着层次性的划分形式，它要求商业银行在其中选择适合自身，并具有比较优势的层次性定位，同时要求商业银行自身要有层次性的结构与之相对应；另一边是客户，他们随着金融意识的不断增强，金融需求日趋表现得多元化、层次性，不再只限于传统的存贷业务需求，会表现出更多的投资性需求、结算业务、理财需求，等等。这两边都要求商业银行去选择层次性的定位，进行层次性的体系设计，构建自身层次性的金融体系，来调节、满足两边的需求。

在层次化的金融市场体系中，从参与主体到金融产品等具有清晰的层次划分，商业银行作为金融市场的参与主体，既是金融市场各类活动直接的机构参与方，同时也是基于客户各项需求的委托参与方。对于金融产品而言，其既是金融市场中各类产品的需求者，同时也是金融产品的供给者。从金融市场制度、机制而言，商业银行在随同监管方参与金融市场建设的同时，也是各类发行制度、交易制度下的参与者。

传统上，作为金融市场参与者的商业银行仅为存贷款需求的中介参与金融市场。在由我国监管体系设置的存贷款、结算业务等有限层次中，受牌照管制和利率管制等的保护，处于半垄断状态，所面临的竞争仅是国内千余家银行的有限竞争。在蛋糕足够大的市场中，并未过多感受到市场化竞争的残酷。即使在我国加入世界贸易组织，外资银行大量进入后，在监管条例方面，也对外资银行设立了诸多限制，以保护国内银行。但随着中国金融市场的日趋开放，我国银行业在境内将迎来更多外资全能银行的进入和挑战。伴随中国国际化步伐的加快，以及在"走出去"战略下，对商业银行提供海外服务，和我国商业银行主动"走出去"所对商业银行各类业务要求的提升，已迫使我国进行利率市场改革和混业经营，以应对国际化的竞争。在我国贷款利率市场化步伐大踏步推进，同时伴随大额可转让存单的发行，我国已实质进入利率市场化时代；伴随各类监管条例和《商业银行法》等的修订，我国商业银行已逐渐进入混业经营时代。如果说在之前各类体制保护下，商业银行作为机构参与者，参与的仅是存贷款市场、结算市场，提供和需求的产品仅是利率保护下的存贷款产品和结算产品，竞争也仅限于国有大型商业银行、股份制、城市商业银行（以下简称城商行，在此统称，含城市合作社）、农村商业银行（以下简称农商行，在此统称，含农村合作银行和农村合作社）以及各类村镇银行、贷款公司等金融机构间的内部博弈，那么，随着利率市场化的推进和混业经营的来临，客户的需求将趋于更加专业化、多样化和层次化，若还要执迷于之前的传统业务，那么在客户融资不再局限于贷款，盈余资金更渴求高收益的时代，外资银行、证券公司、保险公司、互联网金融公司等将进一步分食商业银行的传统市场。即使在传统的存贷款业务方面，金融市场也在伴随客户需求日趋层次化发展，相应提供产品的层次性也更加清晰。若只能提供标准化、无差异的传统产品，必将失去大量客户，而被市场所淘汰。

因此，商业银行既可广泛涉足三大业务领域（公司银行业务、零售银行业务和金融市场业务），以将自身打造成为全功能的金融超市，为客户提供全面的金融产品和服务。但同时，任何一家商业银行，其在面对数量巨大、需求各异的客户和层次众多、竞争激烈的金融市场时，一定要从中选择具有比较优势的客户服务群体，并在金融市场中定位选取适合自身的金融层次和金融产品，以满足客户的需求，并形成自身的优势层次和优势业务。

3.2.2　美国商业银行层次金融定位的借鉴

在美国的银行体系下，利率市场化和混业经营早已成为市场竞争的大背景，各家大型银行已从传统单一批发银行业务转型为根据自身经营特点和层次定位进行差异化经营，并形成了各自的经营层次定位。这使得在美国金融市场的各层次体系中，均有专业化的银行位于该层次中进行经营并为客户提供专业化的金融服务。可以说，各层次中的银行均是适应这一变革的存活者，而不能适应者则早已被淘汰。在成功者中，典型代表无疑有富国银行和摩根大通银行。在面对传统批发银行利率市场化背景下利差收窄的挑战时，富国银行和摩根大通银行分别根据自身的特点和优势，选择金融市场中适于自身的层次，进行重点业务发展。

富国银行（Wills Fargo）作为美国市值第一的银行，从1852年成立至今，历时160多年的发展，已成为一家全功能的金融服务集团。在富国银行的发展中，始终坚持在业务方面全面发展，同时重点发展零售业务，并将其作为发展根基的思路。富国银行利用自身传统零售业务的优势，和网点众多的便利，选择以客户和盈利较为稳定的零售银行业务作为其主要的业务发展层次，并在美国当年提出"居者有其屋"口号而大力发展房地产的背景下，重点发展住房按揭业务，并充分结合数据分析、客户的信用记录，在充分防控风险的情况下，大力发展零售业务，一跃成为美国银行业的"零售之王"。

在兼顾公司银行业务和金融市场业务发展的同时，富国银行零售业务保持稳健高速发展，使得其社区银行业务为主的零售业务占到其整体业务比重的60%以上。同时，在社区银行业务中进一步细分业务层次，并将业务重点放在房产抵押业务方面，保证了其既获得稳定的利差收益，也获得了稳定的社区银行客户。客户和盈利的稳定，使得即使在美国次贷危机期间，富国银行仍能一枝独秀，并稳居全国第一的位置。

摩根大通银行（JP Morgan Chase & Co.），源于美国金融市场上实力最为强大的摩根财团。1933年，受《格拉斯—斯蒂格尔法案》所限，摩根财团被拆分为摩根大通银行的前身——摩根银行

（专门从事商业银行业务）和摩根士丹利（专门从事投行业务，后在美国次贷危机后改为银行控股公司）。后几经合并，以及美国银行业重启混业经营，形成了今天的摩根大通银行。时至今日，摩根大通银行已发展成为一家资产 2.5 万亿美元，存款 1.5 万亿美元（占到全美国存款总额的 1/4），分支机构 6000 余家的大型银行集团。同时，其利用自身传统金融巨头的优势，在金融市场层次化明晰的美国金融市场，同时兼顾发展投资银行业务、商业银行业务和零售业务。其杠铃战略，同时兼顾大型企业和中小企业，并为客户提供全流程、全产业链的服务，以自身为平台，服务客户层次化的金融需求。这既保证了自身业务较高的盈利性，也形成了逆周期的业务平衡，成为全球银行业的典范。同时在风险合理控制的基础上，成功度过了美国次贷危机，并借势收购贝尔斯登等公司，强化了自身在投行业务、证券业务方面的实力，从业务、人才、机构等方面充实了自身体系。

3.2.3　我国商业银行的层次金融尝试

在我国，除商业银行与三大政策性银行（包括国家开发银行、中国农业发展银行和中国进出口银行）在业务发展模式和市场定位方面有所区分外，商业银行本身由于历史、股东、自身资源禀赋等原因，在细分市场定位方面也有所差异。

国有大型银行（包括中国工商银行、中国农业银行、中国银行、中国建设银行和交通银行）由于拥有规模、政府资源、行政保护等优势而坐拥国内大型优质企业客户资源。其中，中国工商银行之前一直被指定为军队大额存款的唯一保管银行，中国银行也曾是外汇管制下指定的外汇交易银行。同时国有大型银行相较股份制银行的网点优势，相较于城商行、农商行的全国牌照优势和网点优势，也保证了其优势地位。因此，国有大型银行在金融市场中的层次定位和客户层次选择方面，往往也会倾向于选择大型客户。在我国，大型客户多是国企客户，与国有大型银行均有长年的密切合作关系，同时其在科技系统、风险、人才、网点等方面的先发优势，也保证了其重点发展公司业务、大客户的定位。近年来，在我国大力鼓励支持商业银行小微业务、零售业务的背景下，国有大型商业银行均设立了中小企业专营部门，支持中小企业发展，并将此项业务作为大型公司客户业务之外的重要业务方向。但相较于股份制银行和城商行、农商行，尽管服务客户同被称为中型、小型客户，但却差距较大。如某国有大型商业银行服务的小型企业，多为净资产 1000 万元级别的客户，而某股份制银行的小企业定义则是净资产 100 万元级别的客户，个别小型城商行服务的小企业客户净资产则仅为几十万元。同时，在利率市场化和混业经营到来之际，一直在业务转型发展方面走在前列的国有大型商业银行，也在积极寻求业务转型，如中国工商银行，一直注重对公司业务的转型发展，使得其投资银行业务一直走在业界前列。

城商行和农商行均由各地的合作组织发展而来，在之前的股份界定方面，属于集体所有制企业，受各地地方政府管辖；而业务方面，由于牌照管制，经营和服务对象为当地客户。但在股份制改造后（由于历史原因，目前各地城市信用社的体制改革方面已明确为城商行；而农村信用社体制方面，同时存在省级联社、市级联社等多种形式，因为改革方向上存在一定争议，但主体是向股份制方向改革），尽管股东构成已发生变化，但由于地方税收、历史关联等多方面原因，加之很多银行仍作为各地地方政府控股企业，使其受到区域性保护，在存贷款业务方面均有区域性优势。如部分城市，其市区财政存款明确指定仅能存放于当地城商行，而远郊区县仅能存放于当地农商行。在存款仍是我国商业银行重要资金来源的情况下，城商行和农商行在区域竞争方面，具有天然优势。同时，目前我国商业银行的竞争，主要集中于城市地区，农村地区尽管有大量成本低廉、稳定的存款资金，但受农村地区居民金融意识、农商行在农村地区的网点优势和常年口碑的影响，仅中国工商银行、中国农业银行和中国邮储银行可与之竞争。因此，城商行和农商行尽管曾有短暂扩张经营，但多为坚守具有区域优势的当地市场。

在此背景下，既无强大政府背景，又无区域优势的股份制银行，为谋得发展，则无疑是我国银行业中最具市场意识和创新意识的群体，同时也是最早开始尝试在层次化金融市场探寻自身层次定位的银行群体。目前，由于股东构成、历史背景、发展方向各异，我国 12 家股份制商业银行根据自身的比较优势，在金融市场中进行有效尝试，选择适宜并具有典型业务层次的定位，并已取得可喜的成果。其中，兴业银行重点发展金融市场业务。金融市场业务相对于传统的公司银行业务、零售银行业务，占有资产较少，对于发展根基在福建省、外地分支网点较少的兴业银行而言，无疑是较优的选择。在经过多年发展后，如今兴业银行的金融市场业务在国内银行中位居前列。招商银行则一直专注于零售银行业务，作为在资产规模、负债规模等指标连续多年保持 12 家股份制银行首位的招商银行，在其成立之初，仅是深圳特区的一家小型商业银行。尽管背靠招商集团这棵大树，但当时相对广东当地的广东发展银行、深圳发展银行均无优势可谈，更无从相比大型国有商业银行，争夺大型客户在成本、客户源方面均无优势可言，因而将市场首先定位零售银行业务，特别是信用卡业务，这也是国内第一家专注于零售银行业务的商业银行，其努力做好数据平台构建等基础工作，取得了令人侧目的成绩。中国民生银行作为国内唯一民营所有制全国性股份制商业银行，在缺少国有股东背景的情况下，将发力点放在发展小微金融业务和社区银行业务方面，在 2008 年首先尝试小微金融业务，并在业内取得了领军地位，并于 2013 年开始进军小区金融领域，在改革和创新方面始终走在前列（本书将于后面章节，以案例方式具体研究中国民生银行在小微金融和小区金融方面的实践）。而中信银行和平安银行则是在集团优势下实现协同发展的优秀案例。中信集团同光大集团和招商集团均是我国改革开放初期的排头兵，其中，中信集团以其优势地位在经过多年发展后，已成为集金融业和实体经济多方面于一身的大型集团，而中信银行无疑是其中的重要组成部分。中信银行借助集团内的证券、信托和实体产业等优势已形成了良好的协同效应。平安银行尽管刚刚融入平安集团不久，但在市场层次选择方面，同时借鉴中信银行的协同发展模式和中国民生银行的小微金融发展经验，通过与平安保险的合作，大力发展零售业务，成为当前我国银行各项业务发展增速最快的银行。

3.3　商业银行在层次化金融市场中的平台价值

商业银行作为金融市场中的参与主体，最为重要的作用便是为其他参与主体提供一个参与金融市场的机会，即以自身为平台，并按照对金融市场层次划分的体系，对这一平台从定位方向、参与平台客户分层、金融产品提供、平台间的协作经营四个方面，调节金融市场和客户关系，发挥自身的平台价值。可以说，商业银行本身就是一个平台，在平台上划分为不同的层次，而每个层次同样是一个平台，并在此层次的平台上，对细化后的金融市场，向客户提供相应的金融服务。

一是平台的比较优势定位。在金融市场呈层次化发展的背景下，商业银行要以自身为平台满足客户不同层次的金融需求，同时形成自身的比较优势，便需要以自身为平台构建层次化金融体系的同时，在金融市场中选择适宜的层次定位。如上节所述，无论是国外商业银行还是国内商业银行，均需有选择性地进行市场定位。如富国银行将零售银行业务、社区银行业务作为自身的市场定位；摩根大通银行以投资银行业务结合商业银行业务作为自身的定位。有所侧重，方能在该层次市场中进行深耕，并以此为商业银行重点发展的层次平台，向客户提供所需的金融服务。

二是对客户分层以提供层次化的金融服务。商业银行要在金融市场和客户之间居中调节，既适应促进金融市场的层次化发展，又满足客户的层次化需求，便需要首先研究并细分金融市场的层次和客户的层次，并将此一一对应，方能实现对双方的调节。在第 2 章中，笔者已从不同的维度对金融市场进行了层次化划分。而客户的不同层次需要，既可以按照第 2 章中市场参与主体的四类金融需求进行划分，也可按照商业银行业务体系的划分进行分层（具体可见第 4 章）。可以说，金融市场的层次和客户的层次是辩证对应的。金融市场是为满足参与主体的金融需求而产生的，而参与主体无论是机构参与者还是个人参与者，其本质需求者都是商业银行的客户，即金融市场是为了满足客户的金融需求而存在发展的。因此，金融市场的层次一定是由客户的金融需求决定并发展的。而客户的层次，既根据自身的层次进行划分，同时又与相应层次的金融市场相结合，进行不同维度的层次划分。而两者之间的调节，则由商业银行来完成。再根据细分的金融市场，对客户进行充分调研、分析、数据处理后，以客户的历史数据、历史客户数据和金融市场的现有对应层次进行划分。在细分化层次中，向客户提供所需的全方位金融服务，使每个层次的客户都能够获得所需的金融服务。

三是根据客户需求提供层次化的金融产品。在对金融市场和客户进行层次划分后，商业银行所需做的便是对自身的业务体系进行层次化划分（具体可见第 4 章），并根据业务的层次性，向目标客户提供相应层次的产品。同时，对于不同层次的业务，充分发挥平台功能，针对这一业务层次，提供多样性的金融产品。如在小微金融业务领域，可以小微金融业务为金融服务平台，针对小微金融客户进一步细分其业务层次，区分与大企业客户和中型企业客户，提供小额、便捷的融资性产品服务，同时结合客户的金融特征，提供所需的结算类产品、理财类产品服务，既满足了客户多元化的金融服务，同时也实现了对客户的综合开发。

四是发挥不同层次金融平台间的协同效应。在商业银行的层次化体系中，不同层次的金融业务同时也是相应的业务平台，其不只是对客户直接提供融资、结算等服务，还在相应业务平台向客户提供有针对性、综合性的金融产品服务，即各个业务层次作为平台可以独立满足相应层次客户的金融需求，并对应相应层次的金融市场。同时，金融市场的层次是客观存在的，但并非孤立，而是相互联系的；相应地，客户的层次是根据一定标准进行人为划分的，但不同层次的客户又不是割裂的。一方面，商业银行的客户是在不断发展的，小企业在经过良性、健康的发展后，可以由小微企业发展成为中型企业，上升到商业银行上一个业务层次，即不同层次的客户间可以相互转换。另一方面，不同层次客户间又是相互联系的，小微企业的客户层次与大型企业的客户层次，其相互之间往往有着密切的业务联系。因此，尽管在服务时，不同层次客户分别由不同业务层次进行营销、开发，并提供相应的金融服务，但伴随企业的发展，其提供的服务可以不断拓展，并由一个层次发展为另一个层次，真正实现与企业共同成长，以主办行的模式支持企业发展。对于不同层次的客户，也可以根据客户间的联系，进行联动综合开发，以供应链的模式，综合发展供应链上的企业，既便于企业的协同发展，也能够较好地控制业务风险。可见，通过对不同层次业务条线的协同效应，可推动商业银行层次金融平台战略的发展；将商业银行业务划分为不同的层次，每个层次又是独立的平台，同时不同平台间又能够相互联动，可在商业银行的大平台上协调推进商业银行发展，以更好服务客户，促进金融市场的发展。

第 4 章

商业银行自身层次金融体系的构建

在金融市场的参与主体、交易机制、产品、发行方式等多方面呈现层次性划分的背景下，商业银行要想充分参与到金融市场的不同层次中，以满足客户多层次的金融需求，同时实现自身业务发展盈利性、安全性和流动性三者的兼顾，就要构建自身的层次金融体系，对业务、产品、组织架构和资产进行层次化的设计划分，充分发挥商业银行平台化的优势，在利率市场化和混业经营来临之际，以层次化、全能银行的业务方式，满足客户的金融需求。

4.1　商业银行业务体系的层次化构建

要构建商业银行的层次金融体系，首先要根据客户的实际需求和金融市场的层次性划分，对自身的业务体系进行新的层次划分，打破传统公司银行业务和个人业务的简单划分，重新划分为公司银行业务、零售银行业务和金融市场业务三个层次，并对此三个层次进一步细化，划分出新的业务区间，在其中寻找新的业务蓝海。

4.1.1　商业银行传统的业务模式难以为继

商业银行的客户大体可分为公司客户和个人客户。在金融市场发展早期，公司客户的需求仅为贷款、存款、支付结算三项需求；而个人客户的需求更为简单，仅为贷款需求和存款需求。这在我国商业银行发展早期如此，远在20世纪初的英美银行业同样如此。因此，传统的公司银行业务也被称为批发银行业务，个人业务相应地被称为个人银行业务。但随着金融市场的发展，客户的融资和理财需求日趋多样化，金融产品的丰富也使得各类金融机构间的竞争呈白热化，客户面对证券公司、信托公司、基金公司等金融机构提供的多样化金融产品，在盈利性、安全性和流动性的综合考量下，也不再拘泥于传统银行的存贷款业务。这样的事在欧美国家的金融业发展过程中早已有之。而在我国当前，伴随利率市场化的到来，传统依靠垄断的存贷款利差模式更是难以为继。

融资方面，商业银行传统的资金来源——存款受到诸多挑战：一是金融市场上众多高收益的理财产品，以及种类繁多的基金、信托产品，使得传统上看似安全的存款产品吸引力不再，更无须提及各类客户可直接参与的高收益投融资产品。二是我国在存款保险制度引进后，国家只对50万元以下的存款进行担保，刚性兑付正逐渐取消，更是加剧了大额存款流失的趋势。三是如支付宝、微信等堪称与民让利的互联网理财模式的兴起，也使得传统商业银行最为廉价的资金来源——储蓄存款，岌岌可危。四是传统的资金重要来源——企业存款也在减少。受金融市场高速发展的影响，各类企业纷纷寻求资产保值增值的手段，或委托其他机构实现保值增值，或建立自己的财务公司，或参股金融机构进行各类投资。因此，未来我国商业银行在失去利差保护后，息差将进一步收窄，融资成本将更加昂贵。

投资方面：商业银行最为主要的盈利方式是贷款。但一方面，在利率市场化后，利差收窄将使得贷款的盈利空间有限；另一方面，之前由于我国金融市场不够发达，企业和个人的融资模式只能通过商业银行贷款来满足资金需求，因此商业银行可有恃无恐地依靠存款进行融资。在我国股票市场、债券市场和其他金融机构高速发展后，企业在融资时，可充分比较融资利率和融资期限的不同，与证券公司等机构合作通过股票、债券等方式进行融资；个人融资者同样可以通过P2P、众筹等方式筹集所需资金。这就倒逼商业银行更加贴近金融市场，增加自身的金融市场业务比重。

综上所述，未来商业银行在传统利差模式难以为继的情况下，受金融市场发展和客户需求层次化的冲击，会寻求更加多样化的业务模式，并进行层次化的细化。

4.1.2　业务层次性的划分将推动商业银行新的发展

借鉴发达国家的商业银行发展经验，在金融市场呈层次化、多样化发展的趋势下，其业务发展也会呈现为平台化的发展模式，并细化为三个层次：公司银行业务发展模式、零售银行业务发展模式和金融市场业务发展模式。所谓平台化，即商业银行会根据客户具体的金融需求，来提供平台化等的服务，对于需要批量贷款又不想稀释股权的客户，进行公司银行业务服务；对于个人的消费和经营需要，提供针对个人的社区银行和小微金融服务；对于愿意承受风险，同时对盈利性有更多要求或期盼更大规模资金的客户，可提供金融市场业务的服务。

对此三个层次，传统的公司银行业务仍将是各项业务的基础，但更多的银行会效仿美国银行，将未来业务发展的重点放在金融市场业务和零售银行业务两个层次。相较而言，金融市场业务占用资本更少，同时收益更高。在当前全球银行业统一使用巴塞尔协议、注重资本充足率监管的背景下，占用资本更少、资本收益比更高的金融市场业务无疑更受到商业银行的钟爱。但也应看到，金融市场业务的顺周期性较强，同时对于风险防控特别是交易业务等的风险防控能力要求更高。而零售银行业务，尽管在资本占用和盈利方面看似弱于金融市场业务，但由于零售业务客户规模庞大，客户忠诚度相对较高，且周期性较弱，因此相较金融市场业务风险小，也较为稳定。在美国大力发展金融市场业务的摩根大通、美国银行等和着力发展零售银行业务的富国银行分别是这两大发展方向的典型代表。而在金融危机期间，富国银行的优异表现也验证了零售银行业务的稳定性。在我国，在利率市场化和混业经营的大趋势下，以股份制银行为代表的商业银行也在根据自身的业务特点，选择适于自身的业务发展方向，如以金融市场业务为代表的兴业银行、以零售银行业务为代表的招商银行和以小微金融业务为代表的民生银行，均是细分商业银行业务层次划分后的典型代表。

4.1.2.1　公司银行业务的划分层次

伴随股票和债券等资本市场融资工具的日趋丰富，作为商业银行重要业务基石的公司银行业务，在向客户提供传统贷款等间接融资业务的同时，也在通过发债等融资成本较低的投资银行类直接融资业务，为客户提供服务。并向客户提供其他金融机构所不能提供的基本账户开立、结算账户开立、跨国贸易结算等综合金融服务，其业务范畴涵盖了公司存款、公司贷款、支付结算业务、国际业务等多方面。

作为未来公司银行业务的重要的发展方向，投资银行业务作为较为传统贷款融资业务的重要补充，在美国等发达国家于混业经营时期便是商业银行重要的业务之一，但在混业经营后其大部分业务归于证券公司业务范畴。但随着混业经营的放开，在商业银行平台战略的指导下，为满足客户层次化的金融需求，"商行＋投行"的公司业务模式正成为商业银行重要的业务发展方向，而商业银行的投资银行业务也在重新兴起。投资银行业务包括债券发行、资产并购重组、债务重组、股票定向增发、资产证券化、财务顾问等多项领域。但在我国受制于商业银行股票承销牌照等的限制，目前很多业务尚需与证券公司、信托公司等合作，利用自身的客户优势、资金优势，借助证券公司、信托公司的牌照开展业务。但随着《商业银行法》的修订，商业银行可以投资证券公司、保险公司等，我国混业经营的时代正在到来。同时，目前我国各主要商业银行的投资银行业务比重也在不断提高，多家上市银行的投资银行业务均成为其重要的利润增长点。相信未来，我国商业银行的投资银行业务将迎来更大的发展。

4.1.2.2 金融市场业务的划分层次

金融市场业务属于占用资本较少，同时盈利性较高的轻资产业务，在金融市场层次化划分并高度发达后，充分运用金融市场的层次化体系，满足客户的个性化和层次化需求，一直为各国商业银行所推崇。之前我国由于实行分业经营以及利率管制等原因，商业银行的金融市场业务发展一直受到限制，但随着我国利率市场化的到来，以及商业银行混业经营的推进，我国商业银行已开始抢分资本市场业务的蛋糕，在平台战略的导向下，以层次划分清晰的金融市场业务为客户提供服务。在具体的业务划分方面，可分为三个层次，分别是同业业务、资产管理业务、交易业务。

第一，同业业务层次。同业业务作为我国商业银行最早开展的金融市场业务，通过银行间同业拆借市场，根据上海同业拆借利率，以同业拆借、同业存款、同业借款、同业代付、买入返售（卖出回购）等同业融资业务和同业投资业务的形式，在全国银行间市场进行少则一日、多则三年的同业投融资业务，其同业包括商业银行、证券公司、保险公司等多类金融机构。

第二，资产管理业务层次。资产管理业务是指商业银行根据约定方式、条件、时间和收益率等，为个人客户和机构客户提供资产经营管理，以实现资产保值增值的目的。在当前的"大资管时代"，银行、证券、保险等金融机构均广泛介入包括养老、消费、财富等多元化业务领域，业务大至企业资产，中至 P2P 账户、互联网金融账户托管，小至个人资产账户托管，根据客户不同层次的需求，为其提供相应的资产托管业务。

第三，交易业务层次。交易业务应算是金融市场业务中与资本市场最为接近、风险最高，但收益性也最为丰厚的业务，业务范围涵盖外汇交易、黄金交易、债券交易等多元化的业务层次，其可以是商业银行运用自有资金，还可以是通过发行理财产品等进行操作，也可委托基金等其他机构代为进行交易业务操作。

第四，投资银行业务层次。投资银行业务作为较为传统的金融市场业务，在美国等发达国家于混业经营时期便是商业银行重要的业务之一，但在混业经营后，其大部分业务归于证券公司业务范畴。随着混业经营的放开，在商业银行平台战略的指导下，为满足客户层次化的金融需求，商业银行的投资银行业务也在重新兴起。作为金融市场业务中业务范畴最为广泛的业务，其业务包括债券发行、资产并购重组、债务重组、股票定向增发、资产证券化、财务顾问等多项领域。但在我国受制于商业银行股票承销牌照等的限制，目前很多业务尚需与证券公司、信托公司等合作，利用自身的客户优势、资金优势，借助证券公司、信托公司的牌照开展业务。随着《商业银行法》的修订，商业银行可以投资证券公司、保险公司等，我国金融业混业经营的时代正在到来。同时，目前我国各主要商业银行的投资银行业务比重也在不断提高，多家上市银行的投资银行业务均成为其重要的利润增长点。

相信未来，我国商业银行的金融市场业务将迎来更大的发展。

4.1.2.3 零售银行业务的划分层次

尽管普遍认为公司和金融市场业务是市场的主流和利润贡献的源泉，但零售银行业务作为商业银行的根基性业务，其作用同样不可忽视。考虑到公司银行业务单笔风险一旦发生损失较大，金融市场业务又受宏观经济和金融市场波动影响较大，而零售银行业务则相对稳定，如美国次贷危机期间，大量发展中间业务的金融机构轰然倒塌，坚守个人住房贷款抵押业务的富国银行反倒趁此机会一跃成为全球银行业市值第一的银行，便可证明零售银行业务的根基之说。

商业银行的零售银行业务在客户需求和客户资质日趋多样化的趋势下，也呈现层次化的发展。目前，根据商业银行零售银行业务的不同特性，大体可分为个人消费性金融业务和个人经营性金融业务。其中，消费性金融业务又可细分为四个层次，即社区银行业务、互联网金融业务、信用卡业务和私人银行业务。而经营性金融服务则主要为小微金融业务。

第一，消费性金融业务。消费金融服务主要是指商业银行为个人客户提供的消费贷款、理财、支付结算、转账汇款等金融服务。

社区银行业务是最为传统的零售银行业务模式。在美国，社区银行业务也是零售银行业务的主要模式，是以社区为单位，通过向社区附近居民提供各类存款、贷款、理财等个人金融服务，以满足客户的各类日常消费之用。

信用卡业务主要是通过为客户开具信用卡，提供支付结算、资金转账、短期消费融资等金融服务，为客户免去了传统柜台业务的烦琐。同时，其以提前透支消费等方式为客户进行的融资，相对社区银行等传统的零售贷款融资方式，更为便捷、高效。

互联网金融业务是伴随科技化和网络化的发展而逐渐进入金融领域的，以阿里巴巴和腾讯公司为代表的互联网公司，依靠庞大的客户资源和基础数据，一方面通过与基金等金融机构合作，吸收大量个人零散资金，形成庞大的资金来源；另一方面利用大数据评级、网络交易数据的可得性等方式，进行小额短期融资。以开辟传统金融机构业务空白处的蓝海。对此，商业银行也在积极借鉴互联网公司的金融业务发展经验，一是可以利用银行已有的客户交易数据和各类信用数据进行分析处理，并以此作为对客户提供金融服务的数据基础，以节省大量传统零售业务的人力、物力成本，同时提高业务处理效率；二是可以与互联网公司合作，利用各自优势，进行业务产品开发；三是可以针对互联网公司金融业务的相关资金托管需求，如各类 P2P 公司的资金托管需求，提供相应的辅助服务。

私人银行业务。在零售银行业务的层次体系中，私人银行业务属于客户层级相对较高的业务层次，其一般的服务对象多为个人客户中的高端客户。在我国，对于私人银行客户通常设定的资产门槛为 500 万元或 800 万元人民币以上，或 100 万美元以上，并会根据客户需求设置专属的金融产品，提供包括资产管理服务、保险服务、信托服务、税务咨询和理财规划等综合性的财富管理服务。

第二，经营性金融业务。经营性金融服务主要是指商业银行为客户或其企业提供与其商业经营、贸易合作、产品研发等有关的金融服务，可提供给客户个人，也可提供给其所属企业。目前在我国，归属于经营性金融的零售银行业务主要为小微金融业务。

小微企业在我国贡献了超过三分之一的就业和超过一半的税收，对于我国经济发展的意义重大，不可或缺。同时，小微企业由于长期受到金融抑制，相对于大型企业，能够承受较高的利率水平，但其信用水平又相对较好，因此发展小微金融业务往往能使商业银行获得较高的收益。这也使得当前小微金融业务受到我国商业银行的广泛推崇，我国银行业的小微贷款规模近年来保持稳步增长。目前，我国的小微金融业务正在从简单的存贷款业务扩展到包括结算、理财在内的综合性金融服务。同时其贷款的发放方可以是客户个人，也可以是客户所有企业，融资方式灵活。

4.2　商业银行产品体系的层次化构建

商业银行要实现业务的层次性划分，还需要相应层级的产品以支持业务的发展，即根据各个业务层次的实际发展需要，设计标准化的产品，同时在标准化产品的基础上，根据客户的个性化需求，为客户量身设计定制个性化的产品服务，形成"分层次标准产品＋个性化定制产品"相结合的层次化产品体系。在商业银行业务体系呈现为公司银行业务、金融市场业务和零售银行业务的前提下，本着"分层次标准产品 + 个性化定制产品"原则打造的层次化体系也应与之相对应。

4.2.1 公司银行业务的产品体系

公司业务作为商业银行业务体系中各项业务的基础，主要是为满足大型企业客户的投融资和结算需求，通过"商行 + 投行"的模式服务客户。因此，其产品体系在层次性划分方面，同样依照存款产品、贷款产品、结算产品、国际业务产品、投资银行产品的体系进行层次划分。

在存款产品层次方面。传统的公司存款曾是商业银行最为重要，同时也是最为廉价的资金来源，这曾保证了我国商业银行在利率管制下，以利差保证稳定的收益来源。但在利率市场化逐渐到来、互联网金融对于金融市场带来革命性变革以及公司客户在层次化金融市场中需求日趋多样化的三重冲击下，商业银行曾经靠以安身立命的公司存款，正在被各类收益更高、流动性更好的其他各类金融产品不断冲击。对此，公司存款业务的概念正进一步演化为公司负债业务的概念，同时其产品正在根据公司客户对于收益性、风险性和流动性的不同偏好，进行层次性的划分，形成自身的产品体系，包括流动性、安全性最好，但盈利性较差的本外币储蓄存款；盈利性较高，但流动性较差的本外定期存款；兼顾流动性和盈利性的大额可转让存单；盈利性较高的本外币协议存款和协定存款，以及与其他业务相结合，具有担保性质的保证金存款。

贷款产品层次方面。传统的公司贷款曾是我国商业银行的主要盈利来源，批发银行业务的说法也由此而来。但随着金融市场的发展，各类公司客户的融资日趋向更能满足客户层次化需求的金融市场业务方面倾斜，使得传统的公司贷款业务比重正在逐渐降低，这亟须单一的公司贷款业务推进创新步伐。目前，贷款产品体系可分为基础信贷业务、票据融资业务和其他融资业务三个层次。其中，基础融资业务包括流动资金贷款、固定资产贷款、银团贷款、经营性物业抵押贷款、开发贷款等。票据融资业务可分为银行承兑汇票贴现、承兑，商业承兑汇票的贴现、承兑。其他融资业务则包括委托贷款、委托贴现、保函、融资性对外担保、信用证、标准仓单质押等。根据客户层次化的需求，商业银行需要不断创新公司贷款的业务层次，使得公司贷款业务体系不断趋于完善。

支付结算产品层次方面。支付结算作为商业银行为企业提供的基础性公司银行业务服务，在公司业务体系中的作用日趋凸显。特别是在金融市场业务高速发展后，公司客户可以借助商业银行的金融市场业务满足自身的融资需求，但在支付结算方面，却难以脱离商业银行层次化的支付结算产品服务，以满足其非融资的各项支付结算需求。在此方面，支付结算的产品体系主要包括汇兑、托收承付、委托收款、支票、本票、银行承兑汇票、商业承兑汇票、银行汇票等。

国际业务产品层次方面。伴随我国国际地位的日趋增强，在人民币"走出去"和"一带一路"战略的指引下，人民币日趋成为国际结算货币，而我国企业在"走出去"战略的指引下，其跨国结算、跨国融资的需求也日趋强烈。为此，我国商业银行正在打造的国际业务产品体系，在支撑我国国际战略中的作用也在不断凸显。目前其产品体系主要包括国际融资类产品和国际结算类产品两个层次。国际融资类产品主要包括国内信用证、国内保理、融资租赁保理、标准/非标准仓单质押等国内贸易融资；出口信用证押汇、福费廷、出口保理、出口代付、出口托收押汇、出口信用保险融资、以单换票等出口贸易融资；减免保证金开证、进口代付、进口信用证押汇、提货担保等出口贸易融资，以及离岸贴现、离岸福费廷、离岸代付、出口双保理离在岸联动模式等离岸贸易融资。国际结算类产品主要包括汇出汇款、进口信用证、进口代收等进口结算；光票托收、跟单托收出口信用证等出口结算；以及开立保函、备用信用证、离岸支付结算等产品。

投资银行业务产品体系。在利率市场化到来的现代银行时代，参照欧美银行发展经验，为客户提供层次化金融服务，解决其投融资等综合金融需求的投资银行业务，是最能体现商业银行平台战略的业务层次。根据客户的具体金融需求和可参与的金融市场层次，投资银行业务可分为四个产品层次：一是固定收益类融资产品，根据期限、发行资质和其他条件，分为短期融资债券、中期票据、超短融资债券、中小企业集合票据、非定向发行融资工具等。二是顾问类服务产品，根据服务主体和具体提供服务的不同，分为常年财务顾问、债务融资财务顾问、并购重组财务顾问、私募股权财务顾问、企业上市及融资财务顾问和结构化融资财务顾问等。三是结构化融资类服务产品，包括并购贷款、结构化融资、资产证券化、信贷资产转受让、资产支持票据等。四是财富投资类产品，目前已发展成为银行负债业务领域的重要工具，分为保本型理财产品、非保本型理财产品和居间代销型理财产品。

4.2.2 金融市场业务的产品体系

在金融市场层次体系进一步细分、服务于不同层次参与者的各类层次体系构建更加完善的背景下，商业银行的金融市场业务在投融资两方面对于传统公司银行业务的替代性正不断增强，其对于不同层次客户的需求满足方面也在不断凸显。按照同业业务、资产管理业务、交易业务三个层次的划分，其相应的产品体系也正在形成层次性的划分。

同业业务产品体系。同业业务作为商业银行间、商业银行与证券、保险等其他金融机构间实现资金融通、资金交易，并加强沟通合作的重要业务模式，其在推动商业银行发展方面起着重要作用。目前，同业业务作为商业银行最为基础的金融市场业务，根据资金融入融出的需求层次不同和期限层次不同，其产品体系包括期限较长可达三年的同业存款、同业借款；期限较短、主要解决临时性资金需求的同业拆借；结合商业银行金融资产的买入返售和卖出回购；结合黄金的黄金拆借业务，以及根据金融机构客户经营情况和现金流情况进行具体方案设计的同业金融机构流动性保障及利率管理服务。

资产管理业务产品体系。在企业资产保值增值意识和增值预期不断增强，个人客户财富不断增加的背景下，银行业乃至整个金融业的托管服务正迎来前所未有的发展机遇。为此，商业银行也正在构建服务范围涵盖金融机构、各类企业客户和个人客户的层次化资产体系，在大资管时代、在层次化的金融市场中寻找业务的蓝海。资产管理业务的产品体系已形成了包括证券投资基金托管、委托资产托管、社保基金托管、企业年金托管、信托资产托管、农村社会保障基金托管、基本养老保险个人账户基金托管、补充医疗保险基金托管、收支账户托管、QFII（合格境外机构投资者）托管、贵重物品托管等层次化、细分化的产品体系，以满足客户的层次化和个性化需求。

交易业务产品体系。在我国混业经营时代即将来临、商业银行各类金融牌照全面放开之际，收益水平最高，同时对专业性要求最强的交易业务，业已成为我国各家商业银行发展的重点业务。同时，其产品体系也根据客户的不同需求和金融市场的层次性划分获得了多元化的发展。目前，其产品体系包括代理客户进行交易业务、以自由资金进行交易业务，品种包括股票交易类业务产业、债券交易类业务产品、外汇交易类业务产品和黄金等贵金属交易类业务产品等。

4.2.3　零售银行业务的产品体系

美国富国银行和蚂蚁金融服务集团等成功经验已经证明，曾经长期被商业银行所忽视的零售银行业务以其盈利稳定和客户忠诚度较高、业务周期性较弱等优势，正成为各国商业银行所广泛关注的基石性业务。同时，有大批银行将金融市场中的小微企业和个人客户作为自身发展的层次性定位，并根据零售银行业务的层次化体系，进行产品的进一步细分，大体可分为消费性金融产品体系和经营性金融产品体系。

消费性金融产品体系可进一步根据客户资质和需求的不同，划分为社区银行产品、网络金融产品、银行卡产品和私人银行产品。

社区银行产品层次。社区银行业务主要以居民居住的社区为中心，主要服务对象为社区内的居民和附近中小企业，因此其产品也主要以居民理财、存款和消费性贷款为主，包括各类浮动利率、固定利率理财产品，保本理财产品和非保本理财产品，各类基金代销，以及各类住房消费贷款、汽车消费贷款、家庭综合消费贷款等。

网络金融产品层次。在蚂蚁金融服务集团和腾讯公司等互联网公司的冲击下，商业银行也在大力发展网络金融业务，包括一系列以直销银行、银行系电商为代表，依托商业银行强大的客户群体、自身的金融人才优势和资金实力的网络金融产品逐渐成为商业银行零售业务的主要产品渠道。在渠道层次上，涵盖了手机银行、网上银行和微信银行三大线上渠道；在资金层次上，借鉴了余额宝的经验，并将之扩展至公司客户和个人客户，对于客户的日常结算资金、储蓄存款等原本流动性较强但盈利能力较差的资金，通过与货币基金合作，提高客户资金的利率水平，打造真正服务客户的服务产品；在融资层次上，则充分利用客户传统的信用数据、信息，并结合网上各类交易数据等，对其进行风险判定，进行授信融资，并实现其资金在商业银行的体系内循环。

银行卡类产品层次。主要可分为信用卡和借记卡两部分。信用卡一般由银行内部实行事业部制的信用卡部进行独立运营。信用卡和借记卡均会根据客户的金融资产、信用记录等情况进行层次化分化，细分为钻石级客户、黑金级客户、白金级客户等，并进行差异化的营销。一方面在银行卡本身业务方面，如增大信用额度，绑定相关产品等，满足客户的多元化金融需求；另一方面也会提供相应的增值服务，如在就医、道路救援、娱乐等方面提供综合性服务。

私人银行产品层次。私人银行业务主要是服务于个人客户中的高端客户，即金融资产较高、对银行综合贡献度较高的个人客户。一般会根据客户的需求，定制"标准化产品 + 个性化产品"相结合的产品组合。其产品也可细分为金融服务和非金融服务两个层次。金融服务产品的范畴包括资产管理、家庭信托、个人额度较高的综合融资等多方面。而非金融服务的产品则囊括了为私人银行客户提供的专属医疗、教育、出行、社交和艺术品鉴赏等多个方面。

经营性金融产品体系主要为小微金融产品，其提供的服务既不同于消费金融服务，也不同于公司业务的大额融资服务，而是主要针对小微企业主个人，实际用途均用于小微企业的生产经营。考虑到小微企业不同于大型企业拥有健全的财务制度和完善的组织架构，小微金融应在规避小微企业劣势的同时，充分考量小微企业的具体情况，为其提供个性化的金融服务。可分为融资服务和结算服务两大类。在融资服务方面，根据其缺少抵押物和担保物，但同时信用情况相对较好的特点，依据大数法则、收益覆盖风险的原则，向其提供信用类融资产品、保证类融资产品与抵押类融资产品并重的产品服务。在结算服务方面，充分考量其结算特征，并根据具体小微企业的行业特征，向其提供包括手机银行、移动 POS 机在内的结算公司，并与其上下游企业相结合，提供金融服务。

4.3 商业银行组织架构的层次化构建

商业银行要实现业务方面的层次性构建，并不断创新产品，以实现产品层次化划分以满足客户的层次化需求，就需要根据业务的层次性进行组织架构的重新划分，以保证各个层次的业务条线有相应的机构、人员，可以根据业务的需要、客户的需求以及在金融市场中可参与的层次空间，设计、创新相应层次的产品，以进行客户营销、业务推进和相应的资产管理等。组织架构的层次化构建，要与业务的层次划分相匹配，这样才能保证商业银行整体发展的层次性。因此，可将商业银行分为业务部门、风险管理部门和后台支持部门。其中，业务部门一方面可根据业务的层次性，划分公司银行类部门、零售银行类部门和金融市场类部门。同时，各类业务部门又可根据具体的业务需求和层次，再进一步细化，以满足客户的层次化需求。另一方面还可以根据业务经营的独立性，划分为业务部门、事业部和子公司三个层次。

我国商业银行传统的架构设置是部门银行的业务模式，即按照总、分、支的模式进行划分，总行按照业务层次和前、中、后的模式，进行组织机构的设置，同时各个层次的部门主要作为管理部门；而分行作为各个区域中心，可以如我国四大国有商业银行一样，按照行政区域进行设置，也可以如股份制银行按照业务发展的重点，不拘泥于行政省会，而按照区域中心和业务情况设置分行。但两种方式下，分行的组织架构设置均与总行相匹配，但可能相应简化，仍只作为管理机构，不参与具体的业务经营。而作为支行，以及最下一层级的机构为实质的业务经营部门，负责具体的业务营销工作。应看到，传统部门银行的经营模式，尽管可以调动一定区域内的优势资源，协调业务开展，但存在管理层级较多、难以集中优势开展业务的弊端。而相对于部门银行的模式，则是流程银行的经营模式，即组织架构设置以客户为中心，变革传统部门银行的设置模式，以流程银行的管理理念重塑银行的架构体系。尽管当前我国从监管部门到商业银行一直都提倡由传统部门银行向流程银行的转型，但对于我国商业银行而言，仍有相当长的路要走。目前我国商业银行在向流程银行转型的道路上所做的尝试，主要以事业部制和各类直营中心为代表，其中如中国民生银行和平安银行根据行业和区域等对公司业务进行改革，所实施的事业部模式便是其中的典型代表。而监管部门对于金融同业部门的直营部门要求，也是对于流程银行的一大尝试。

4.3.1 公司银行层次的架构设置

公司银行层次最能体现部门银行和流程银行制相结合的特征，根据公司银行业务的设置，其组织架构可以分为负责公司业务整体推动的公司银行部门，进行行业或区域专营的事业部，专为机构大客户、政府事业单位服务的机构金融部门，管理和推动票据业务的票据部门，负责国际业务的国际业务部门。同时，为整体协调公司条线各部门的业务合作，各商业银行还会成立由主管行长或分管副行长任主任委员的公司银行业务委员会，以协调并决定全行公司业务的发展方向，并进行重大项目等的决策。

票据业务作为根据真实贸易背景，具有为客户提供支付结算和融资等多重功能的重要业务，一直为各家商业银行所重视。为推动票据业务的发展，各行一般会在总行设置票据业务部，进行专门的业务推动管理，并在分行设置相应的部门，以推动票据业务的发展。近年来，伴随我国金融市场的发展，票据业务获得了各家商业银行的高度重视，各类银行承兑汇票和商业承兑汇票业务在规模方面增长迅猛。在为客户提供支付结算工具和融资手段的同时，已成为各家商业银行重要的盈利来源。

国际业务部门的设置往往涉及各行的国际业务部门、贸易金融部门。在我国越发融入国际金融市场的同时，各家商业银行均在大力发展国际业务，一般由国际业务部门统一推动管理国际业务的发展，积极建立贸易金融部门、交易金融业务部门，部分银行还将贸易金融部门单独设置为事业部，以发展本行的国际金融业务。

投资银行部门的业务设置。目前在投资银行业务方面，我国商业银行一般为单设投资银行部门作为各家银行的一级部门，同时根据固定收益业务、并购重组业务、结构性产品业务、债券业务、财富管理业务等的不同，分别设置不同的二级部门，以进行层次化的业务管理，或业务直营发展。

4.3.2　金融市场层次的架构设置

在金融市场业务日趋成为国内各家商业银行发展的主流业务之际，各家商业银行也均在积极推进改变传统单一的资金部设置，根据金融市场业务的层次化细分为同业业务、资产托管业务、交易业务等不同的层次，在组织机构方面分别设置相应的部门，以层次化、细分化的架构设置，推进金融市场业务的发展。具体可分为金融同业部门、资产托管部门、交易部门。

金融同业部门层次的设置。同业业务中的同业拆借、同业存款等业务之前是我国商业银行传统资金业务的重要组成部分，随着同业业务在各家商业银行所占的业务比重和利润贡献持续提升，各家银行纷纷将同业业务独立出来，单独成立金融同业部门，以推进业务的发展。同时，伴随我国同业业务活跃度的不断提升，由同业业务衍生的表外资产呈高速增长态势，其形成的影子银行体系日趋庞大，人民银行和银监会等监管部门在强化同业业务监管的同时，也要求各家商业银行设立同业业务的专营部门。2014年，银监会办公厅下发《关于规范商业银行同业业务治理的通知》

（银监办发〔2014〕140号）第三条"商业银行开展同业业务实行专营部门制，由法人总部建立或指定专营部门负责经营。商业银行同业业务专营部门以外的其他部门和分支机构不得经营同业业务，已开展的存量同业业务到期后结清；不得在金融交易市场单独立户，已开立账户的不得叙做业务，并在存量业务到期后立即销户。"从而明确了我国各家商业银行同业部门的专营机制。

资产托管部门层次的设置。在"大资管时代"来临之际，针对不同层次客户进行资产管理、财富管理已日趋成为商业银行业务发展的重要领域，为此，各家银行纷纷设立资产托管部门进行托管业务的统一管理和业务推动。同时，又根据托管业务服务客户层次的不同，针对证券投资基金托管、委托资产托管、社保基金托管、企业年金托管、信托资产托管、农村社会保障基金托管、基本养老保险个人账户基金托管等的不同层次进行相应的机构设置，以满足不同层次客户对托管业务的需求。

交易业务部门的层次设置。伴随我国金融市场业务发展的进一步加速，以及混业经营的来临，传统只有证券公司、基金公司参与的自营等交易业务，也在向商业银行开放。目前商业银行参与交易业务主要是以受托客户的形式参与，但随着牌照管制的逐渐放开，商业银行参与交易业务这一利润最高的业务种类的热情不断高涨，并开始以自营加受托的方式参与各项交易业务。在部门设置方面，会在金融同业部门下设部门或单独设立，如贵金属交易部门、债券交易部门、期货交易部门、外汇交易部门等，逐渐与国际大型银行接轨，全面参与金融市场交易业务。

4.3.3　零售银行层次的架构设置

商业银行在零售银行业务和产品方面，均有相匹配的层次化设置，包含消费金融和经营性金融两大层次，同时在具体业务和产品层次体系方面，又划分为社区银行业务、网络金融业务、信用卡业务、私人银行业务和小微金融业务五个层次。为保证在业务层次清晰划分的基础上，能够由适宜的组织架构和人员配置推动业务的发展，同时依据客户的实际需求，进行持续的产品创新，商业银行在零售银行的组织架构方面，也应按此五个层次进行设置，即设置零售银行部负责整体零售银行业务的推动和管理，并负责相应的社区银行业务；设置网络金融部负责电商业务、互联网支付结算业务等；设置专门信用卡部负责相关信用卡的营销、推动和业务发展；设置私人银行部负责私人银行相关业务；设置小微金融部负责小微金融相关业务的推动和审批。此外，在各家商业银行的体系内，还会设置由分管零售副行长任主任委员、相关零售条线部门负责人任委员的零售银行委员会，负责整体零售业务发展方向的指导和各项重要政策的制定。

零售银行部门的层次设置。在当前商业银行体系内，无论各家商业银行的业务发展层次体系如何，均将零售银行业务视为各项业务发展的基石。因此，也均高度重视零售业务的发展。我国商业银行的零售银行部一般由个人银行部转型而来，一方面作为全行零售银行业务的日常统筹管理部门，另一方面也主要负责社区银行业务等消费金融业务的相关政策制定和业务发展，并根据客户的实际金融需求，结合金融市场层次化的实际情况，创新设置相应的社区银行融资产品和个人财务管理、结算产品等。

网络金融部门的层次设置。近年来，各家商业银行为在互联网金融的竞争中占得先机，充分挖掘自身的大数据金融、互联网金融的发展潜力，纷纷从互联网公司寻觅良才，并对自身传统的电子银行部等部门进行改造，设置网络金融部门。从外部互联网公司和国外发达银行借鉴互联网金融的发展模式，并与之合作，内部重新梳理已有的客户资源、数据资源，发挥银行自身优势，通过互联网与传统业务的结合，实现未来业务的全程网上操作，以提高效率、降低成本收入比。通过大数据的分析，进行结算、融资的风险、需求分析，根据客户的个性化需求，进行定制的产品设计和绑定，降低业务风险，增强盈利性，以实现新的业务突围。

信用卡部门层次的架构设置。信用卡从产品经营理念到业务营销等方面均不同于借记卡业务，更不同于一般零售业务，因此，各家商业银行一般以事业部的形式设置信用卡部门，独立核算，自负盈亏，保持较高的自主性，以便于根据信用卡业务的特殊性，进行产品设置、营销、融资以及催收等方面的业务发展。由于信用卡业务给客户带来的使用便捷性、灵活性，以及信用融资的高利率、高罚息等所带来的高盈利，均使信用卡业务受到客户和商业银行的高度重视，并将其作为未来零售银行的主流发展方向。

私人银行部门层次的架构设置。伴随我国经济高速发展，国内高净值客户的数量呈几何级数增长。对于此类能够为银行创造较高综合贡献值的客户，其金融和非金融需求，更多表现在资产保值增值、家族信托等方面。私人银行业务既不同于公司银行业务，更不同于传统的个人银行业务，需要有专门的人员和机构来提供服务，并根据每个客户不同的个性化需求设计产品和开展业务，同时还需与其他部门如公司业务部门和金融市场业务部门进行业务联动，以满足客户的需求。为此，国内各家商业银行均构建了独立的私人银行部门，并设置了相应的客户准入标准，在此标准上归入私人银行客户的层次，以为其提供专属的服务和产品。

小微金融部门层次的架构设置。小微金融业务作为从 2008 年起方才在我国兴起的业务层次，传统上被归入公司银行部门管理。但随着小微业务在我国的开展，其同时针对个人和其所属企业提供金融服务的属性，使得更多银行根据其业务本质而将其重新归入零售银行业务的层次，并逐渐设置单独部门管理——小微金融部，或以部门形式存在或以事业部形式经营，以重点发展小微金融业务，打造不同于传统公司业务和零售业务的经营模式和架构设置。随着我国小微金融业务的高速发展，以及国务院和监管部门对小微金融业务的重视支持，各家商业银行小微金融业务规模持续增长，小微业务已成为重要的业务层次，如中国民生银行小微贷款的规模已占到其贷款总额的三分之一。

4.3.4　根据业务独立性的层次架构设置

根据业务的独立性，可以在组织架构方面，将业务条线设置为业务部门、事业部和子公司三个层次。而这一设置方式又与公司银行、零售银行和金融市场分类设置的模式相交叉。

业务部门的架构设置。可以依据业务体系进行相应的组织机构体系设置，设置相应的公司银行条线体系、金融市场条线体系和零售银行条线体系，并根据业务的层次划分，进行相应的部门设置，如公司银行部、投资银行部、零售银行部。

事业部的架构设置。一般会根据各行业或区域的业务方向不同进行设置，如针对有较大发展或业务占比较大的行业，设置行业事业部，如中国民生银行、平安银行设置的地产金融事业部、交通事业部和能源事业部等。事业部一般为独立核算，自负盈亏，实行准法人制。事业部往往长期专注于某一行业或某一领域，通过了解该行业的发展方向，实时掌握该行业的发展动态，关注该行业内重点企业的动向，使该行业事业部的经营人员逐渐成为该领域的业内专家，在为该行业、领域内客户进行重点营销时，能够为这个行业的客户提供全功能、金融管家式的服务。但也应看到，事业部制的专营尽管能够发挥一定优势，但由于其业务涉及全国各地，一方面，难免会与当地分行形成竞争关系，而当地分行利用自身的属地优势等，具有一定比较优势，事业部相对而言存在业务具体落地的劣势。另一方面，即使针对事业部实行倾斜性的扶持政策，在为客户服务时，涉及账户落地分行、各区域网点、人员配置、客户的负债业务维护等等，需要协调事业部与行业的利益关系。事业部若在各地设立分部，又会造成整体银行机构设置重叠、人员浪费的问题。这就需要分行与事业部之间进行利益协调分配，否则难免会产生相关盈利及后期客户维护不当，使得客户流失的问题。

子公司方面，对于发展较为成熟的业务层次，可以单独设立子公司。这样可以有效推动相应业务条线的发展，实现风险隔离。2014 年银监会就曾发文鼓励对理财业务进行分拆，独立经营。目前，像交通银行、光大银行都已经对理财业务进行了子公司分拆。

4.3.5 风险管理层次的架构设置

商业银行作为经营货币资金业务的机构，其在经营货币的同时，也是在经营风险，准确、前瞻性地对各项业务进行方向研究和预判，对大到宏观经济、中到各项业务的发展方向、小到具体项目业务的审批，均有着重要作用，并直接关乎每家商业银行的生死存亡。对此，各家商业银行一般会设置风险管理部和授信审批部两个部门，辅以其他部门，进行全行的风险管理工作，并会设立由分管副行长任主任委员、相关风险部门负责人任委员的风险管理委员会，以决策行内重要的风险政策和战略导向。同时，单独设置首席风险官的职位，以对全行风险业务进行统一管理协调。

风险管理部门的层次设置。一般银行的风险管理部主要在总行层次设置，主要负责全行风险政策的制定，各条线业务的导向等，并会从风险的量度、评估和应变策略等方面设置具体的风险模型，以便于评审部门根据风险模型，进行具体项目业务准入、退出的判断。可以说，风险管理部门直接影响着各个条线的发展方向。同时，在各家商业银行零售业务高速发展的同时，一些银行也正在对风险管理部门根据业务条线进行划分，如将公司银行业务和金融市场业务归入风险管理部进行风险指导，而根据零售银行业务的特征，专门设置零售风险管理部门，以进行专门的零售风险业务管理，有针对性地保证零售银行业务的风险管控和审批效率。同时，风险管理部门会根据商业银行经营中的不同风险层次，分别对信用风险、市场风险、操作风险、产品风险等进行部门设置，以保证对于风险的管控。

授信审批部门的层次设置。在设置风险管理部门的同时，各家商业银行还会设立单独的授信审批部门，其主要根据风险管理部的风险政策和导向，对于业务部门上报的授信审批报告等进行风险判断，并据此批准或否定具体业务项目。授信审批部门一般会按照业务条线的不同，有针对性地设置不同的评审部门，如针对投资银行业务、小微金融、社区银行部门、信用卡部门分别设置不同的评审部门，以保证项目审批的专业性和高效性。同时，还会针对特殊的业务条线，根据其业务特点，设置专门化的审批流程。如零售项目审批方面，我国多家银行一直在效仿美国富国银行、泰国开泰银行，推进"信贷工厂"模式的业务审批，以简化审批流程，提高审批效率，满足零售客户对资金效率的要求。

4.3.6 后台支持层次的架构设置

商业银行在对前台业务有针对性地进行层次性划分的情况下，同样需要不同层次的后台业务部门做好后勤保障工作。同时应看到，商业银行的核心竞争力在于前、中、后台的协调发展，只有后台部门提供完善的保障支持，才能确保前台各业务条线的竞争力。

在此，可以针对后台进行层次性的划分，即从战略导向、人才培养、财务支持、法律合规支持到行政保障五个层次搭建后台支持的架构体系。

战略导向方面，伴随我国商业银行竞争的日趋激烈，明晰适合的战略导向已成为商业银行在层次化金融市场中找准自身定位，并指导业务发展和架构设置的关键。因此，当前很多银行都设置了战略发展部门，以对银行的业务发展进行战略指导。人才培养的层次一般由各行专设的人力资源部门进行设置，搭建成体系的人才培养平台，以为商业银行的发展提供持续的后备力量，并形成合理晋升激励体系，以推进银行内部的良性竞争。财务支持方面，商业银行会设置财务部门和资产负债部门，一方面形成良好的财务制度，以支持业务的发展，另一方面为协调商业银行内部的资金价格，通过财务部门设置合理的内部资金转移价格（FTP），以经济增加值的方式确定各项资产的合理价格，核算行内的各项资产价格。法律合规类部门主要包括法律合规部门和内控审计部门，通过合理的内部审计保证业务的稳健推进，并通过检查业务合规情况、为业务提供法律咨询、审查规章制度等方式，保障业务的健康发展。行政保障部门则由办公室、运营保障部门和安全保障部门组成，用于保障业务的发展。

4.4　商业银行资产的层次化构建

商业银行业务的层次性，在财务上表现为资产方面的层次性，不同层次的业务划分对应着不同层次的资产划分。因此，要实现业务的灵活调节，可以通过对不同资产进行组合、再分类，以资产证券化的方式调节各类资产，实现对商业银行整个层次金融的体系调节。为此，首先要根据业务划分的层次性，进行资产层次的划分，即可将资产划分为公司银行层次资产、金融市场层次资产和零售银行层次资产。同时，还可根据资产的运营方式进行划分，即在平台战略的导向下，商业银行业务正在从"融资"向"融智"的方向转变，在资产方面也由持有资产方式向交易资产方式转变，其资产分类也相应由过去贷款层次为主，向贷款层次资产和交易层次资产并重的方向发展。其中，贷款层次的资产主要是指传统的贷款业务、票据融资业务等形成的资产；而交易层次资产则又可细分为两个层次，一个层次是指商业银行参与金融市场进行股票、债券买卖所形成的投资性资产，另一个层次是由资产托管业务和投资银行资产业务等形成的名义上不属于银行资产的表外资产，但却由银行运营、管理并控制风险，在广义和实质上也可归属于交易资产类别。而两种划分方式所对应的资产，又相互重合形成二维的层次划分。

公司银行层次资产。公司银行的业务层次主要包括传统的贷款业务、票据融资业务等批发银行业务，以及各类国际业务。相应的公司资产层次包括发放公司贷款所形成的公司资产、贴现各类票据等形成的票据资产，以及各类信用证、保理业务形成的公司业务资产等。同时，公司银行层次的资产又可统一归属于贷款资产的层次。

零售银行层次资产。零售银行业务在个人消费类业务和个人经营类业务的划分下，可细分为社区银行业务、信用卡业务、私人银行业务、网络金融业务以及小微金融业务。其对应的资产层次一部分包括社区银行业务中的消费信贷资产、信用卡业务中的应收账款资产、私人银行业务中的高端授信资产、网络金融业务中的互联网贷款资产以及小微金融业务中的小微贷款资产等，属于贷款资产的层次。同时，在社区银行业务、私人银行业务、网络金融业务以及小微金融业务中，涉及的代客理财、家族信托、个人资产托管、对接货币基金的直销银行业务等形成的商业银行表外资产，因其受托后参与资本市场或货币基金等，又可归属为交易资产的类别。因此，零售银行资产既包含了贷款层次资产，也包含了交易层次资产。

金融市场层次资产。在金融市场业务的四个层次中，同业业务的资产类别主要包括存放同业、同业借款、买入返售等同业资产，可归属于交易资产的范畴；交易业务中的各类股票、债券投资、外汇买卖等均可属于交易资产范畴；资产托管业务中涉及的证券投资基金托管、委托资产托管、社保基金托管、企业年金托管、信托资产托管等，由于在托管后，银行受托对各项托管资产具有实际运营控制权，因此，也可归为交易资产的范畴；投资银行业务中涉及的债券发行业务、财务顾问等并未涉及实际资产运营，或在售出后不具有实际控制关系，因此不属于银行资产范畴，但涉及财富投资类业务的相应资产属于类托管性质，具有实际运营、控制的属性，因此，可归为交易资产层次。可见，金融市场层次资产也可划分为交易资产层次。

4.5　案例分析——中国民生银行小微金融业务的层次化体系构建

从20世纪80年代起，我国四大国有商业银行陆续成立，到90年代全国性股份制商业银行先后建立16家，以及后期国内各家城商行、农商行陆续改制成功，形成了当前我国的银行业体系。在我国，商业银行牌照有全国和地方之分，经营范围有大小之别，股东构成也有所差异，但其经营定位的层次性却不尽相同。在利率管制和分业经营的金融体制下，全国性商业银行往往主要服务于大、中客户，地方银行也专注于地方上的相对大型企业。稳定的利差、传统相似的经营模式，使得看似成本收入比较高的大型企业成为了各类银行争夺的主要对象。大企业的争夺战异常激烈，且随着利率市场化的推进，在这一红海层次的竞争，对于很多股份制银行而言，难以为继。为此，各家银行纷纷提出转型，以期在市场中寻找新的、适于自身发展的业务层次。而市场中的蓝海——新的业务层次，无疑是要对市场中的客户重新划分，找寻之前被忽略而同时又具有较大发展潜力的业务层次。中国民生银行在传统公司银行业务和零售银行业务之间，通过挖掘之前为各界所忽略的小微客群，打造新的业务领域——小微金融服务的业务层次，来发展自身的层次金融战略，无疑是商业银行发展层次金融战略的重要案例。

4.5.1　小微金融业务的发展历程

为应对利率市场化和日趋同质化的大公司客户的激烈竞争，民生银行一直致力于寻找新的业务层次。在经过深入市场调研后发现，我国企业按规模划分，除大型企业、中型企业、小型企业外，还可划分出微型企业，与小型企业可并称为小微企业。在我国国民经济中，中小微企业占到全部企业总数的 99.7%，其中有3800 多万户为小微企业（全部企业 4000 万户），中小微企业提供了 85% 的城镇就业岗位，全国有 80% 以上的农民工都在小微企业就业，对 GDP 贡献率超过 60%，税收贡献超过 50%。小微企业在国民经济中起到巨大作用的同时，相对于大型企业丰富的融资手段、方式，中型企业愈发受到各类金融机构的关注而言，小微企业由于传统上被认为融资风险较高等原因，较少被金融机构问津。但国外如美国富国银行、泰国泰华农业银行在小微企业的服务经验则表明，只要开发方式适当，合理控制风险，小微企业可以承受相对较高的资金价格，并能够为商业银行提供较高的收益和稳定的客户来源。同时，小微金融业务也无疑是对传统客户层次细分后开辟出的新的蓝海。

为此，民生银行在深入研究国外银行业在小微金融领域的经验后，在 2008 年下半年，在我国率先提出了"小微金融"的概念，以有别于传统的"中小企业金融"概念，并提出开始全面进军小微金融服务领域，发展小微金融的业务层次，取得了令人瞩目的成绩。

民生银行在小微金融领域的实践，首先从解决小微企业的融资做起，并根据小微企业规模小、企业实际控制人与企业关联度较高的特点，以零售的方式发放个人经营性贷款，解决小微企业融资难的问题。先从经营性贷款中风险较低的按揭贷款入手，在充分了解小微企业经营特点并完善业务流程后，根据小微企业大多缺少抵押物的特点，开始逐步介入保证类和信用类贷款，在提高小微金融业务层次收益性的同时，切实践行服务小微企业，并与小微企业共同成长的理念。

为此，民生银行在产品体系方面，从 2009 年 2 月开始，正式推出了服务小微企业层次的贷款产品——"商贷通"。之后逐渐搭建小微金融的业务体系，成立小微金融部，从业务体系、产品体系和组织架构体系等多方面，打造服务小微企业的层次金融体系。民生银行在小微金融领域的成功，吸引了众多国内同行的效仿，如平安银行、光大银行等多家银行均开始介入该领域，使得小微金融业务在我国商业银行领域获得大力发展，打造了我国商业银行领域新的业务层次。

民生银行在服务小微企业的同时，切实关注并分析小微企业的多层次金融和非金融需求，注重小微服务层级的下沉，努力实现与小微企业的共同成长，打造了商业银行在小微金融领域层次的成功范本。

4.5.2 民生银行小微金融服务取得优异成绩

近年来，民生银行致力于走出一条特色小微金融服务的道路，充分利用自身平台，以小微金融引领自身层次金融体系的构建，在实践运行多年后，不仅取得了良好的效益，也为繁荣市场、扩大就业、社会稳定发挥了重要作用，践行了自身的社会责任。民生银行的小微业务具有服务对象广、户均贷款小的特点。截至2014 年末，民生银行小微贷款发放额达到 4536.82 亿元，较上年增长 3.22%，小微贷款余额 4027.36 亿元，小微客户数 291.19 万户，户均贷款余额 155 万元，真正实现了客户层级的下沉。同时，小微业务贷款不良率为 1.17%。其中，民生银行在小微客户开发方面尤为突出，业已形成一套行之有效，且具有民生银行特色的商业模式。

4.5.2.1　小微贷款规模增长迅猛，风险控制良好

民生银行作为国内首先试水小微金融业务的全国性商业银行，在 2008 年尝试进入小微金融市场后，首先从解决一直困扰小微企业的融资需求入手，大力发展小微贷款业务。从 2009 年至 2014年，5 年间取得了优异的成绩。贷款规模从 2009 年末的 448.09 亿元，到 2013 年的 4049 亿元，4 年间增长近 10 倍。而在 2014 年国内经济呈现新常态，经济下行的背景下，民生银行的小微贷款规模仍保持在 4000 亿元的规模，遥遥领先于其他商业银行（见图 4 - 1）。

民生银行在注重小微金融业务高速发展的同时，也一直注重对小微金融业务风险的控制，使各项业务在保持稳健发展的同时，将风险维持在较低水平。从 2010 年至 2014 年 5 年间，尽管贷款不良率有所增长，但截至 2013 年始终控制在 0.5% 以下，即使在

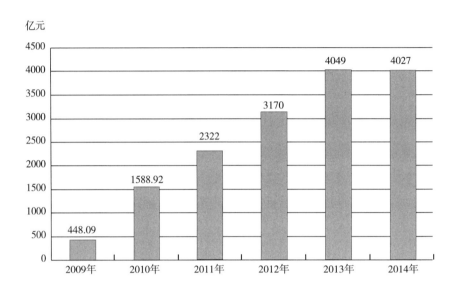

资料来源：中国民生银行官网及年报。

图 4 - 1 民生银行小微贷款规模走势图

2014 年的经济下行期，也仍保持在 1.17% 的较低水平（见图 4 -
2）。

4.5.2.2 民生银行小微存款规模增长稳定

在注重解决小微企业融资需求的同时，民生银行也一直注重
对小微企业的综合金融服务，大力发展小微负债业务。在小微存
款规模方面，按照小微个人贷款客户存款业务、小微个人非贷款
客户存款业务和小微企业存款业务三个维度，发力小微客户的负
债业务。从 2010 年小微存款的 608 亿元，到 2013 年达到 2224 亿
元，并在经济下行期的 2014 年保持在 2000 亿元规模，并增长至
2294 亿元，见图 4 - 3。而存款占贷款比重也由 2010 年的 38.26%

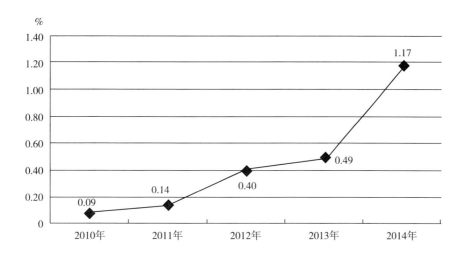

资料来源：中国民生银行官网及年报。

图 4 - 2　民生银行小微贷款不良率走势图

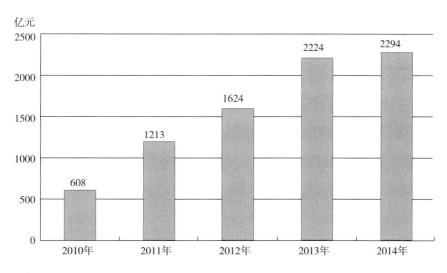

资料来源：中国民生银行官网及年报。

图 4 - 3　民生银行小微存款规模走势图

提升到 2013 年的 55.19%，努力实现了小微业务存贷款的"自给自足"。

4.5.2.3 民生银行户均贷款余额下沉，切实服务小微客户

小微企业作为国民经济中支持就业、促进经济发展的主要力量，其相对于大中型企业而言，主要特征便是其规模相对较小，资金需求量也远小于大中型企业。而在服务小微企业时，既要真正服务小微企业，又要避免对小微企业过度授信引发风险。这就需要根据小微企业的资金需求进行融资，控制单户授信金额，下沉户均贷款余额，使资金真正做到服务小微企业，满足小微企业的实际需求。在经过 2008 年至 2010 年 3 年的小微业务发展后，民生银行也意识到要根据小微客户的需求，有的放矢。因此，民生银行从 2011 年起，便注重对小微客户户均贷款余额的下沉，2011 年末的户均贷款余额为 214 万元，到 2014 年末已稳步下降到 155 万元，切实履行了服务小微企业的理念（见图 4-4）。

4.5.2.4 民生银行小微客户基础持续扩大

民生银行在解决小微企业融资难问题，为其提供综合金融服务的同时，也一直注重扩大小微企业的服务数量和范围，注重对多行业、多维度划分，提升服务小微企业的广度，在向小微企业提供融资服务的同时，还注重提供结算服务、理财服务等，使更多的小微企业获得商业银行的金融服务。根据数据统计，截至 2014 年末，民生银行服务的小微客户已达 282.54 万人，其中有贷

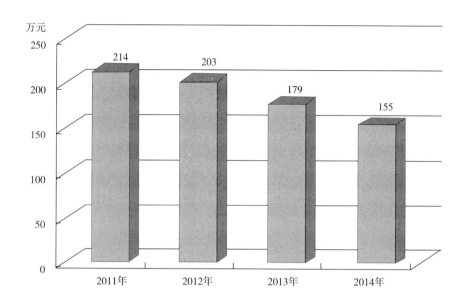

资料来源：中国民生银行官网及年报。

图 4 - 4　民生银行户均贷款余额走势图

户 45.73 万人。相较于 2011 年小微客户的 45.8 万人，有贷户 14.94 万人，分别提升了 516.89％ 和 206.09％，客户数量显著提升，见图 4 - 5。同时，民生银行注重对非贷款小微客户的金融服务，全方位满足小微客户的金融需求，也使得小微客户总数的提升比例明显高于有贷户的提升比例。

4.5.3　小微金融业务的层次化——从小微融资到小微综合开发

商业银行层次金融体系的构建，是根据客户需求的层次而进行的业务层次体系划分，即根据客户需求的变化，对原有业务进行调整，在业务层次方面，满足客户多元化、多层次化的金融需

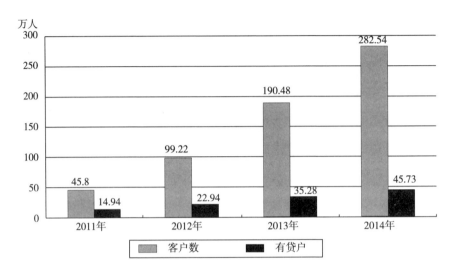

资料来源：中国民生银行官网及年报。

图4-5 民生银行小微客户数走势图

求。在小微金融服务方面，传统上认为，小微企业仅有融资需求的层次，但民生银行通过对小微金融服务实践，以及对小微企业调研后发现，约48.8%的小微企业希望获得个人及公司资产管理、理财服务；45.1%的小微企业希望获得信息交流服务；41.4%的小微企业希望获得支付结算服务。可见，小微企业在金融需求方面，除有融资需求的层次外，还包括结算需求的层次、投资需求的层次等多方面。金融机构在对小微企业提供融资服务的同时，更应当注重向其提供综合性服务。这既包括融资、结算、理财、咨询等金融服务，也包括撮合交易、特惠商户、贵宾服务等其他非金融服务。民生银行根据小微客户的需求，对自身的小微业务层次体系进行调整和完善，于2012年在原有仅满足小微企业融资服务层次的"小微1.0"版本基础上，提出了"小微2.0"改革，即对于小微企业的服务由小微融资的单一层次向多层次开发的小微综合服务模式发展。

4.5.3.1　小微客户的综合服务需求分析

小微金融业务的本质应是以小微客户的需求为业务出发点，根据小微客户的实际需求提供金融和非金融服务，在为小微客户提供综合服务的同时，与小微企业共同成长。根据民生银行的研究发现，小微客户的需求可分为融资需求、支付结算需求、财富管理需求和非金融需求四个层次。

一是小微客户的融资需求层次。从孟加拉国的格莱珉银行到美国的富国银行，再到民生银行 2007 年推出针对小微企业的"商贷通"业务，传统各界关注的均为小微企业的融资需求，而民生银行在国内小微金融业务的实践以及"商贷通"品牌的成功，也证明了根据批量开发、收益覆盖风险原则进行小微融资业务，由正规金融机构解决小微企业这一主要需求，是完全可以实现的。同时，国内各类小贷公司、典当行和担保公司等也在积极推进小微客户融资业务的实践。可以说，小微客户的融资需求已为各界所广泛关注。

二是小微客户的支付结算需求层次。小微客户的支付结算是小微金融服务的重要内容。据调查，51% 的小微客户采用支票结算，44% 的客户采用银行卡转账。可以说，几乎全部小微客户均有支付结算的需求。众多的小微客户不一定都有融资需求，但融资需求则均是小微客户所需要的。因此，针对不同的小微客户有针对性地开展支付结算业务,通过结算、汇款、票据,甚至信用证、保函等业务,不仅能够满足小微客户的真实需求,实现存款留存、小微金融业务增值,同时可以依据小微客户的结算绑定、账户绑定作为判断小微客户风险情况的标准,实现风险的实时监控。

三是小微客户的财富管理需求层次。根据调查发现,小微企业特别是小微企业主均有财富管理的需求,主要体现在个人及公司资产管理、理财服务等方面。小微客户单户财富管理规模虽然有限,但整体需求旺盛,因此可通过整体的规划策划,实现批量营销开发,挖掘小微客户财富管理市场的潜力,实现现金流派生,从而全面提升客户的综合价值,建立牢固的客户关系。

四是小微客户的非金融需求层次。除金融需求外,小微企业由于自身体量较小,其需求层次还存在着非金融的需求层次,包括业务信息的需求层次、撮合交易的需求层次、特惠商户的需求层次、贵宾服务的需求层次等多层次的非金融服务需求。对此,在民生银行的综合开发中,针对小微客户实施金融服务与非金融服务相结合的方式进行交叉营销,并充分利用小微合作社平台,通过合作社成员之间的定期交流沟通,能够使小微企业之间在信息方面互通有无,达成撮合交易的效果;同时可积极寻求与民生电商等各类网络金融、非金融服务满足小微客户的需求。

4.5.3.2 打造与小微客户共同成长的小微综合服务商

在充分意识到小微客户的多层次金融需求,并于"小微2.0"时期提出了小微综合开发的理念后,民生银行努力将自身打造成为小微综合服务商，以从多层次满足客户的金融需求。

一是综合服务的小微金融业务发展新模式。为实现小微客户的综合开发，民生银行开发了多元化的小微支付结算产品，构建自身服务小微企业结算需求的层次化产品体系。

"乐收银"——多功能服务结算产品。"乐收银"是民生银行专为批发贸易类小微商户开发的新型支付结算服务产品，支持使用个人借记卡和企业结算账户进行相关支付结算。作为第三方电话支付终端产品，"乐收银"具备刷卡收款、转账付款、缴费、信用卡还款等常见功能。同传统的 POS 机服务相比，民生银行推出的"乐收银"具有"T＋0"实时到账、资金归集等特点，一方面能有效帮助小微客户加快资金周转速度、降低财务成本、渐进增加融资规模，另一方面通过"乐收银"产品大力开拓小微结算市场的同时，还可以基于客户的业务往来情况判断其经营实力，并将"乐收银"的现金流水等情况，作为判断客户风险、提供融资服务的依据。截至 2014 年末，"乐收银"装机量超过 53 万台，结算量超过 4 万亿元。

手机银行——便捷金融服务。民生银行从 2012 年 7 月 11 日正式推出手机银行以来，手机银行业务发展迅猛，其便捷的安装、支付、结算方式、优惠费率标准已成为民生银行重要的获客产品。截至 2014 年末，民生银行手机银行客户总数达 1302.12 万户，较上年新增 747.60 万户。2014 年交易笔数达 1.82 亿笔，较上年增长 203.51%；交易金额 3.22 万亿元，较上年增长 185.81%。其中，2012 年 11 月针对小微客户推出的专属产品——小微手机银行，已成为民生银行移动小微金融服务平台的主打产品。小微手机银行具备的公私账户集中管理、自助提还款及二维码收付款及账户管理等功能，使得其在小微客户中广受好评。

直销银行——拓展小微金融业务新模式。在互联网金融、网络金融高速发展的今天，面对互联网企业的跨界竞争，民生银行切实推出了直销银行服务，在实体支行网点之外，通过信件、电话、传真、互联网及互动电视等媒介工具，实现业务中心与终端客户的直接业务往来，使客户可以通过网站、手机等远程渠道获取银行产品和服务。2014 年 2 月 28 日，民生银行上线推出了"如意宝"、"随心存"、"轻松汇"三款以货币基金、一年期定存以及汇款转账为特色的产品，实现为客户提供更优惠的贷款利率、更高的存款利息以及更实惠金融产品和服务的经营理念。到 2014 年末，客户规模已达 146.81 万户，"如意宝"申购总额为 2366.87 亿元。

二是小微综合开发的优势。相对于单一提供融资服务的方式，民生银行小微金融业务方面，充分借助自身平台，协调各层次金融业务，以多层次的综合服务满足小微客户多元化的融资需求，同时通过支付结算及与小微企业的全面合作以实现小微资产负债业务的自平衡，并监控小微企业的经营风险。

小微综合开发能够满足小微客户多元化需求，真正服务小微客户。如上面对于小微客户需求的分析，除融资需求外，小微客户普遍存在支付结算需求、财富管理需求和非金融需求。因此，进行小微综合开发，从多种渠道、多种方式与小微客户进行合作，满足其多元化的需求，与小微客户形成密切的合作关系，在商圈和产业链等多种方式的开发中，根据小微客户的实际需求，设计有针对性的流程、产品和方案，实现与小微客户共同成长。

以小微综合开发实现资产负债端的"自平衡"。无疑，小微融资业务是金融机构小微金融业务的重要盈利来源，同时也是小微客户最迫切需要的金融服务。但也应看到，世界各国银行类金融机构在提供小微金融服务时，存在的普遍问题是小微存款往往低于小微贷款，或至多与小微贷款平衡，即小微贷款的回存率往往相对较低，这一问题在我国则显得尤为突出。受制于目前我国监管机构对于银行的存贷比及资本金等方面的约束，小微贷款业务往往需要公司存款和其他零售存款予以支持，而难以实现小微资产负债的"自平衡"。这主要是由于小微客户规模较小，留存资金较少，而有效开发小微客户的支付结算业务，可以适当地将小微客户支付结算资金在银行账户内沉淀，增加资金来源，缓解小微金融业务的资金约束。

小微综合开发可实现对风险的实时监控。通过为小微客户提供支付结算、票据以及财富管理等金融服务，可以充分了解小微客户的生产经营状况、行业利润情况、客户分层情况以及所面临的各类风险等，以便对小微客户的经营周期、信用状况做出合理评估判断。以此作为授信的依据和对风险的监控手段，可以较好地管控风险。同时，与小微客户的全面合作，也增加了小微客户的违约成本，减少了其违约的道德风险。

小微综合开发作为商业银行零售业务的发展方向，可充分发挥商业银行的平台优势，协调各层次业务体系，充分满足客户需求。伴随我国利率市场化的推进，传统存贷差的盈利空间在日趋缩小，因此，进行多元化的金融服务，正成为银行业务发展的方向。对于小微金融业务同样如此。在小微客户的开发中，通过财富管理、结算服务等多层次金融服务，增加中间收入，以手机银行、网络金融等方式实现小微金融业务服务增值、利润增值，已成为降低银行经营风险、减少资本金占用和提高综合收益的有效手段及小微金融业务的发展趋势，并正在成为一种可持续的商业模式。

4.5.3.3 打造服务小微企业的城市商业合作社

早在 2012 年初，民生银行便提出要把成千上万的小商户集中起来，实现客户整合，把市场里、商圈里无组织、分散的商户，通过分层归类，与政府、工商、税务、街道、业主结合起来，做成城市商业合作社，实现抱团发展、合作多赢、共同超越。截至 2014 年 8 月 31 日，民生银行共有各类小微城市商业合作社超过 4000 个，会员超过 17 万。小微城市商业合作社已成为民生银行服务小微企业，与小微协同发展的重要组织形式。

一是小微企业城市商业合作社的概况。小微企业城市商业合作社是民生银行首创的全新服务方式。在我国小微金融政策指导下，民生银行根据小微客户的发展特点，按照区域、行业、产业链特征，把松散的小微客户整合成一个有组织的经济体，通过该组织帮助小微客户抱团发展、抵御风险，享受民生银行全方位的现代金融服务。

目前小微企业城市商业合作社的注册形式具体分为社团组织和民办非企业两种，有小微企业城市合作社、小微企业服务中心、小微企业金融服务中心、小微企业互助服务中心、小微企业促进中心、小微企业发展促进中心、小微企业互助促进中心、小微企业金融促进会等多种形式。

二是以合作社为媒介，打造小微客户的综合服务平台。为将小微企业城市商业合作社真正打造成为小微客户提供服务的综合服务平台，民生银行提出了小微城市商业合作社的三大平台目标，即将其打造为服务小微企业的金融服务平台、商务服务平台和交易服务平台。

——金融服务平台。小微企业城市商业合作社的第一大服务理念即创造良好的金融环境，打造为小微企业服务的金融服务平台。小微群体的成长离不开一个良好的环境，而合作社正在做的就是在这片土壤上深耕细作，为小微群体的发展贡献力量。（1）小微企业城市商业合作社通过创建旗下专家委员会整合客户资源，开创小微企业评级体系的先河，不断完善及规范小微企业信用体系，为小微群体交易的顺利完成提供参考及便利。（2）合作社通过不断深化产品创新，分析小微客户成长道路上遇到的瓶颈，为小微群体开通专属的信用融资通道，为小微客户的发展保驾护航。（3）合作社推出的担保类、信用类贷款产品，在一定程度上解决小微企业流动资金与信贷资金的不匹配困难，为小微群体带来便捷的金融服务体验。

——商务服务平台。小微企业城市商业合作社的第二大服务理念即为小微群体拓展商机，打造小微企业商务服务平台，促进小微企业的事业发展。（1）小微企业城市商业合作社从小微企业的长远发展角度出发，通过所掌握的政府、社团机构、行业等方面的资源，帮助小微客户群体搭建信息及人际交流平台，维护小微群体的社会关系，推动小微群体的事业快速发展。（2）小微企业城市商业合作社为小微客户群体搭建资源共享、经验交流和信息沟通的平台，为小微客户实施线上及线下双条线交易提供硬件支持，帮助小微企业降低沟通和交易成本，拓宽商业信息及交易方式渠道，助力小微群体的事业提升、生意兴旺。

——交易服务平台。小微企业城市商业合作社汇聚各个行业的领军人物、专家顾问形成专家委员会，在对小微企业及行业的不断探索中创新产业发展模式，提升小微群体的综合素养，助推小微企业转型升级，提高小微群体的生命力及竞争力。（1）由合作社作为小微群体的先锋代表，就政策扶持等方面与政府进行沟通，维护小微企业群体的利益，搭建与政府机构资源互换的桥梁。（2）为小微群体提供招商引资的硬件服务平台。（3）合作社通过与知名社会机构合作对接，针对小微群体展开专业化的教育讲座，为优秀的民营企业家集群做进一步的提升培训。

4.5.4　基于客户的小微金融层次化开发模式——"一圈一链"

民生银行在小微金融业务的实践方面，始终遵循客户的层次性决定业务的层次性，业务的层次性又决定开发模式的层次这一

理念。在对小微客户的开发方面，注重根据小微客户的特征进行
业务开发，并提供金融服务。民生银行在小微客户开发方面，在
国内首先提出了以"一圈一链"模式，根据客户的不同特征进行
层次划分的理念，并实际践行取得了优异的成绩。民生银行根据
小微企业的特征，将小微企业的开发模式分为商圈类开发模式和
供应链开发模式两类。小微企业特别是商贸类小微企业，具有在
地理区域上的集聚现象和紧密的供应链关系的产业特征，因此针
对地域集聚和供应链开发可以有效实现批量开发的效果，降低小
微服务的运营成本，从而实现规模化的效益。"一圈一链"模式的
内涵丰富，不仅包含从商圈或者供应链的初始介入，还包含由点
及面与由点及线的综合开发。

　　一是持续提升的商圈开发模式。商圈开发模式即"一圈"。商
圈普遍存在于大中小城市，是小微客户最为明显的集群形式。在
开发商圈的过程中，民生银行通过科学规划，对客户分类分层，
依照大数定律建立风险模型，在商圈对小微客户迅速实现批量化
开发。具体来看，采用商圈开发模式实现对客户的引入与开发主
要分为三个步骤：第一是科学规划。先是从整体上对小微金融在
整个区域内的布局做出全局性的部署，对区域内的哪些市场、哪
些商圈值得开发做出判断。随后在判断的基础上再对具体目标市
场进行调查，掌握第一手信息，有针对性地制定出规划开发方案。
然后对该商圈的开发进行营销策划，主要针对不同类型的客户设
计相应的产品组合以满足客户需求、实现初步引入。第二是批量
客户引入阶段。在科学规划的基础上，落地团队主要对客户进行

分层管理、批量开发。分层管理，即将目标商圈内聚集的小微客群进行分层分类管理，按照经营年限、收入规模等维度切分后，有针对性地设计授信方案。在实践中，民生银行创造了诸如"财富大课堂"、"城市小微商业合作社"等多种实现批量开发的方法，使得大量的小微企业主获得了专属的金融服务。第三是售后综合服务。实现批量客户引入之后，可以根据合作的情况提供立体化的服务。例如，通过安装"乐收银"结算机具享受结算便利的客户，在一段时间之后出现了融资需求，可以根据其企业资质以及"乐收银"的使用流水情况，给予相应额度的授信，同时也可以给客户之间提供交流的平台，为客户之间带来合作机会，或者在小微企业主的个人财富打理上提供建议。综合化的开发有助于提高客户黏性。

二是"聚焦小微、打通两翼"的产业链开发模式。产业链开发模式即"一链"，存在两种情况：一种是由一个核心企业以及为核心企业服务的小商户和小业主组成；另一种是由关系紧密的众多上下游企业组成。存在核心企业的情况下，可以根据核心企业的交易信息向其上下游小微企业提供综合金融服务。例如，针对内蒙古特色产业与大型乳业公司开展合作，依据其经营数据，为奶牛养殖户和乳制品经销链条中的小微商户提供综合金融服务。在上下游企业组成的情况下，可能并不存在强势的核心企业，但可以通过对某个企业的切入，随后充分挖掘其上下游产业链。例如，深圳市华强北集中了大量的电子元器件销售小微企业业主，可以通过电子元器件的供应链对其背后的生产企业实现开发。由于这些电子元器件销售企业的商品转手率很快，因此一般会建立长期的合作关系以缩短应收账款的回笼时间，所以销售企业对于生产企业的有关情况比较了解，便于进行风险控制。

目前，民生银行在全国围绕"一圈一链"的批量授信项目已超过900个，在一些区域性甚至全国性的商圈、产业链项目中，达到了较高的市场渗透率，提升了小微金融的普惠水平。

第 5 章

商业银行层次金融体系的实现
路径之一——平台战略

在 重构商业银行的层次金融体系后，要实现各层次业务的协同运转，同时根据各层次业务的自身特征及市场环境，打造具有自身业务特征的层次定位，便需要以平台战略为指引，在将商业银行整体作为平台的基础上，以平台战略的导向发展各层次业务，同时对于各层次业务以平台的方式推动其客户与市场间的灵活调节。为此，商业银行便需要大力发展平台战略，以实现商业银行层次金融体系的运转。

5.1　以平台战略引领商业银行层次金融体系发展

在我国经济在全球经济低迷的大环境下呈现"新常态"，经济增速有所下降的背景下，商业银行可借助平台战略打造新的竞争优势，提高盈利能力并为客户提供更为完善的金融服务，以应对我国愈发国际化的竞争环境。

5.1.1　平台战略有利于商业银行应对新的市场竞争

金融的本质是为了更好地实现资金在借贷双方之间的融通，实现资金供求的均衡。在传统的商业银行业务中，由于物理空间和时间周期的限制，商业银行在获取客户上存在较大的开发成本。随着互联网的广泛应用，互联网金融产品的涌现很好地弥补了商业银行在客户体验和产品推广等方面的弱势。例如，借助互联网，金融参与主体可以便捷地在第一时间获得金融服务、购买金融产品。互联网金融等新兴金融服务的出现进一步加快了金融脱媒的步伐，商业银行作为信用中介的地位被弱化，作为支付中介的影响力也随着第三方支付和移动支付市场的迅速发展而不断缩小。

面对新的市场竞争环境，商业银行完全可以以平台战略为依托，应对来自互联网金融的冲击。虽然平台战略多见于互联网企业，但是平台战略的本质是基于互联网、便捷服务和信息化的平台思维，最大限度地实现多方市场参与者的信息共享和互惠共赢，为大家提供一个相对开放的交易平台，实现市场参与者的利益最大化。因此，平台战略的内涵与商业银行面对的市场竞争特点相契合，采用平台战略能够很好地帮助商业银行应对日益复杂激烈的市场竞争。

5.1.2　平台战略有利于商业银行提高盈利能力

一直以来，由于利率管制等多方面因素影响，我国商业银行的盈利主要是靠存贷款利差来维持。受制于融资渠道狭窄等的影响，简单的利差模式帮助商业银行赚取了大量的收益。但应该看到，伴随着利率市场化等金融改革进程的加速，这种单一的靠自身垄断以及政策支持形成的盈利模式已经无法帮助商业银行在新的形势下继续保持较高水平的盈利能力。

通过构建适合商业银行自身的平台体系，能够帮助商业银行有效构建多层次相结合的金融服务体系，帮助商业银行对传统业务的定位进行转变，满足不同层次消费者的消费行为习惯和消费需求。例如，越来越多的商业银行意识到移动支付市场逐渐成为未来金融业主要竞争的市场之一，于是纷纷加大对移动支付市场的投入，创建手机银行和移动支付等服务。电子银行的定位逐渐从简单的交易和支付渠道向销售和服务渠道过渡，服务定位也从产品功能提供向客户体验的全面提升转型。

5.1.3　平台战略有利于商业银行提供更完善的服务

金融服务市场竞争日益激烈，让商业银行意识到单纯的金融产品创新已难以保证商业银行在激烈的竞争中保持自身的比较优势，商业银行更需要进行整体业务结构和体系的创新。商业银行可以依托传统业务积累起来的海量客户信息和交易数据，分析并划分不同客户的个性化金融需求，并提供有针对性的金融服务。商业银行在对海量客户数据进行重新整理分析后，能够很好地对客户进行层次化划分，分析客户需求的各种内在关联性，创造出新的客户服务层次，以平台化的方式，对接提供客户所需要的服务。

因此，采用平台战略，不仅保证能够为客户提供最为常见的金融服务，也能够为具有特殊需求的客户提供独具特色的私人金融服务，帮助商业银行将长尾效应和大数据应用到金融产品设计和金融服务提供中，实现不同类型的客户群体各取所需。这种对经济学常识和传统数据的创新运用，帮助商业银行在不需要消耗大量成本的前提下实现了经营模式的转变，增加了商业银行金融服务的覆盖范围，增强了市场竞争力。

5.2 商业银行各层次业务体系的平台化发展模式

5.2.1 传统存贷款业务的平台化发展模式

在传统的商业银行业务模式中，商业银行通过吸收存款再将存款贷出的方式完成整个融资借贷的过程。但是伴随着互联网的广泛应用，以互联网为基础产生了其他多种多样的融资借贷模式。具体而言，现在的互联网金融之所以能够生存发展就是因为它们为投资者提供了更加便利、更高收益的产品，但是这些客户资源的源头都是商业银行，也就是说这些客户是在商业银行无法为他们提供所需金融服务的条件下才转而投向了互联网金融企业的怀抱。因此，商业银行可以充分利用自己庞大的客户基础，发展衍生出类似于余额宝或是 P2P 等针对不同投资层次和投资需求金融客户的更加便捷的金融产品，在传统金融产品外，为客户提供更加完善的金融服务，进而使之前因互联网金融分流出去的客户重新回到商业银行自身的业务体系中。

此外，商业银行传统融资借贷业务的平台化也具有很大潜力。伴随着利率市场化进一步加速，商业银行的资产负债两端大有改善提升的空间。商业银行可以有更大的自主权去为自己的存贷款定价，这样就能够更好地满足不同类型客户的存贷款需求，降低资金使用成本、提高资金使用效率。

5.2.2　同业业务的平台化发展模式

最初的同业业务主要是指商业银行为了补充自己的短期流动性紧缺而进行的资金拆借活动。但近年来，我国的同业业务得到了迅猛发展，同业业务的内涵和业务范围也发生了变化。目前，商业银行的同业业务不仅涉及商业银行之间的拆借往来，还包括商业银行与其他金融机构的业务往来。商业银行的主要对手方包括银行、证券、基金、信托等多种不同类型的金融机构。从同业资产负债种类来看，同业资产包括存放同业、拆出资金和买入返售金融资产等；同业负债包括同业存放、拆入资金和卖出回购金融资产等。随着同业业务的不断发展，同业业务发展规模不断提高，在商业银行业务体系中的地位也在不断上升。同业业务的深入发展不可避免地面临潜在风险。就目前而言，我国的同业业务主要存在如下风险：首先，同业业务存在较为严重的期限错配问题。在利率未完全市场化的环境下，商业银行存贷款业务的主要收入源自于期限错配和存贷款利差。但是伴随着利率市场化的到来，通过利差获取收入的渠道逐渐变得狭窄，期限错配就成了盈利的主要方式。在整体流动性较为宽松的市场环境下，银行能够通过期限错配获得较大的收益，但是在整体流动性偏紧的市场环境下，银行就无法通过市场拆借弥补流动性不足的问题。这样的条件下，期限错配就会酝酿较大的系统性风险。尤其是在利率市场化之后，市场利率、市场融资条件的变化都会对商业银行产生较大影响。其次，现阶段我国商业银行的同业业务存在较大的资金空转问题。当前很多同业资金仅在商业银行之间、各类金融机构之间流动，并未真正服务于实体经济、帮助实体企业解决融资需求，而资金在商业银行间的空转将可能引发更大的系统性风险。

这些问题的出现，恰恰为商业银行的同业业务层次化发展提供了很好的机会。通过层次化，一方面加强了商业银行通过同业业务实现盈利的能力，另一方面加强了不同层次同业业务之间的风险可控性。

同业业务层次的展开，主要依托同样是互联网。以互联网技术为基础搭建全新的同业业务平台，帮助商业银行扩充中间业务收入，转变传统以利差为基础的生存盈利模式。这里所提到的互联网同业拆借平台并不是简单地将同业业务平台化，平台化不是目的，而是为了实现商业银行更大的盈利。商业银行借助自身强大的资金实力和风控能力，一方面为撮合资金需求双方达成交易；另一方面扩充自己的盈利渠道和盈利能力。这里的同业业务平台层次主要表现为贷款资金与理财、保险、信托、私募等多种不同来源渠道资金之间的对接。这种多渠道的融合必将为商业银行的同业业务带来较大程度的增长。

5.2.3 国际业务的平台化发展模式

商业银行的国际业务从大的方面，可以分为资产业务、负债业务和中间业务三类。其中资产业务主要是外汇贷款（包括外汇公司贷款和外汇金融机构贷款）；负债业务主要是外汇存款（包括外汇公司存款、外汇金融机构存款和外汇储蓄存款）；中间业务主要有国际结算、国际保理、外汇担保、外汇衍生品和福费廷等。由于国际业务的主要作用是实现国际间债权债务的清偿以及货币资金的转移，因此国际业务也呈现出自身的特点：首先，国际业务对于商业银行属于典型的涉外业务，国际业务实力不仅体现商业银行的多层次业务水平，也能凸显商业银行的国际合作能力以及国际业务体系的完善程度。其次，由于国际业务涉及不同的币种，因此国际业务开展得成熟与否，对小到商业银行自身大到整个国家的资产状况、外汇市场都会产生影响，因此对商业银行的自身风控和业务能力有很高要求。最后，国际业务开展得好坏直接体现商业银行的软实力，即除业务能力外，对国际惯例、法律法规等多方面熟悉程度的能力。随着国际交流机会的逐渐增多，一家商业银行国际业务能力的高低，直接影响着该商业银行的国际竞争力水平。

目前，我国商业银行的国际业务发展普遍存在以下几个问题：首先，国际业务的效率较低。由于我国现有的国际业务人才储备相对较少，国际业务展开的时间周期和业务开展范围都存在较大限制，这必然降低了国际业务开展的效率。其次，我国商业银行的国际业务开展起步较晚，业务体系不够成熟，现有业务很难满足国际化程度不断增加的企业需求。在国际贸易日益多样化的背景下，对国际业务的多元化发展提出了更高的要求。从企业需求的角度看，企业对国际业务的需求不再仅仅局限于债权债务的清偿，对风险保障、融资便利、财务管理和信息咨询等综合服务的需求也在不断增加；从个人需求的角度来看，随着个人出入境的人数和跨国金融服务需求的不断增加，对商业银行不同种类的国际业务需求也在不断增加。

伴随着金融改革加深加快，利率市场化和汇率市场化的程度不断深化，我国商业银行的国际业务无论从规模还是从品种上都将不断丰富，商业银行可以通过构造合理的层次金融体系，实现多种不同业务的互补共融，为不同类型的客户提供不同的金融服务。通过构建商业银行国际业务的层次体系，不仅能够实现对商业银行不同类型国际业务的合理划分，而且能够有效扩充商业银行的盈利渠道，实现商业银行国际业务竞争力的提升。以平台战略为基础的层次金融体系，能够为国际业务发展带来极大的便利。例如，商业银行通过分别构建大型企业、中小型企业、金融机构以及个人等多层次国际业务服务平台的方式，丰富商业银行国际业务的内涵。

5.2.4　投资银行的业务平台化发展模式

商业银行的投资银行业务，相对于传统信贷业务而言业务涵盖范围更广、业务种类更加丰富。投资银行业务主要包括：证券承销、证券交易、资产管理、企业并购、理财顾问、风险投资、项目融资、资产证券化等多方面。目前，我国商业银行的投行业务主要涉及以下几个方面：一是非金融企业债务融资工具的承销发行，具体包括设计发行方式、撰写发行报告、协助具体发行工作等；二是咨询服务，主要侧重于企业募集资金相关问题的咨询和策划；三是银信合作模式下的通道业务，通过与信托公司合作，间接帮助企业融资；四是企业和个人的资产管理业务，具体是通过帮助企业或个人将闲置的资金进行合理化投资实现增值，或是帮助企业和个人进行资金流管理的业务；五是兼并重组业务，一方面为有兼并重组需求的企业提供咨询服务，另一方面为企业的兼并重组活动提供资金支持；六是资金托管或资金风险管理业务，主要是利用商业银行专业化的资金管理和风险控制能力实现对企业资金的安全保管、风险隔离。

投资银行业务虽然一般被看作是投资银行和证券公司的主营业务，但从广义上来看，与资本市场服务相关的业务都属于投资银行业务。这当中与商业银行相关的主要有企业融资、基金、资产管理、研究与咨询、风险资本运作管理等。商业银行从事投资银行业务不仅能够推进金融产品的创新，而且能够有效增加商业银行的市场竞争力。商业银行构建投资银行业务层次能够满足客户的多方面资产管理需求。除了传统的存贷款需求，客户对商业银行的结构化融资服务、资产管理和投资顾问等服务的需求也在逐渐增加。商业银行开展投资银行业务就是很好的补充，无论是客户还是对商业银行自身都是大有裨益的。

虽然我国对银行业实施"分业经营、分业监管"的模式，商业银行从事的投资银行业务远远不如证券行业的业务内容丰富，但如果一味依靠传统商业银行业务的规模扩大来维持企业的收入，对商业银行的长远发展是极为不利的，只有通过利用多种不同的金融工具，实现对多种不同融资借贷需求的企业和个人提供金融服务，才能够找到商业银行新的业务收入增长点。在这样的背景下，以平台战略为依托的商业银行投资银行业务层次体系，能够满足客户在投资类产品、融资类产品、资产管理类产品和咨询服务类等诸多方面的需求。商业银行通过将投资银行业务范畴的服务客户对象和金融产品种类进行一一对照的方式，增强商业银行投资业务的针对性和服务的可获取性，进而打开商业银行投资银行业务领域的庞大市场。

5.3 运用平台战略调节商业银行的层次化业务体系

在将商业银行作为发展各项业务的平台后，商业银行可运用平台战略，辅以互联网大数据技术对商业银行的各层次化业务体系进行调节，以实现对商业银行层次业务体系的运营。

5.3.1 加快传统银行业务的平台化建设

平台经济时代的到来，不仅为商业银行的发展转型带来很好的机会，同时使得商业银行面临更多的外部竞争对手冲击，也对商业银行的产品和服务创新提出了更高的要求。在决定采取平台战略之前，商业银行首先要对自身的发展有较为明晰的定位，明确商业银行平台战略的具体发展目标和实现路径。例如，商业银行的平台化战略定位从服务范围来看，可以分为服务于本地市场客户、服务于国内市场客户和服务于全球市场客户三类；从服务对象来看，可以分为重点服务于个人客户和重点服务于企业客户两种。商业银行根据自己的定位不同，选取不同的经营策略和实现路径。

具体而言，由于平台战略涉及商业银行各个部门的业务整合或者再划分，需要商业银行各个职能部门根据本身的平台作用和价值进行协同沟通与合作。由总行统一牵头全面协调工作之外，仍需要委派具体的项目负责人，对产品的开发、风险防范和推广以及随后的利益分配方法进行明确。

在商业银行采用平台战略所推出的业务模块正式上线后，商业银行仍需由特定的职能部门对业务的运行情况和出现的问题进行及时监督，需注重对平台的实际运行效果进行分析，在不断更正完善中实现各层次业务的合理划分。

5.3.2　借助大数据调节层次化业务的平台建设

在当今互联网时代，各个领域都产生了海量的数据，各领域均可通过对这些散乱的数据进行合理分析处理，探寻潜在的商机。运用大数据技术对各项经营数据进行分析整理，对于商业银行的营销发展和各项经营活动，已具有越来越重要的意义。因此，商业银行构建层次金融体系的过程中，可以灵活利用日常流水和访问偏好等大量数据，对客户的投资偏好和投资需求进行更加明确的定位，并在这个过程中完善现有的服务内容，提供全新的满足少数人偏好的特殊服务。这样简单服务类型模块的改变和提升，可以在不给商业银行自身增加过高成本的前提下，帮助商业银行增加数倍数量级的投资者。

应用大数据除了可以帮助商业银行进行产品创新和渠道创新，还能够帮助商业银行对日常的经营维护提供合理化的参考建议。例如，大数据可以帮助商业银行挖掘出潜在交易对象，以及查找由于银行服务模块设置等平台建设问题等而造成的未能最终达成的交易的原因，进而对业务模块进行完善。此外，大数据的合理有效运用能够有效地评测各部门业务开展的广度和深度，最大限度地实现了各层次金融的发展潜力，对内部管理提供很好的抓手。

5.3.3　建立多渠道网络化服务平台

在商业银行的传统业务中，商业银行的业务主要通过各个网点展开。这样的模式主要存在以下几个问题：首先，这种相对单一的业务来源渠道缺乏网上银行和移动支付端等多层次消费和投资渠道的配合，进而所能为客户提供的支付场景就显得不够丰富；其次，通过营业厅网点开展的服务，基本上为不同需求层次的客户提供的都是同质性的金融服务，缺少丰富的服务内容，不利于商业银行业务规模的扩展，尤其是伴随着传统业务规模的逐步饱和，这一问题会被逐步放大；最后，以网点为基础开展的金融服务还存在时间上和空间上的双重限制，在互联网广泛应用的今天，这样的金融服务自然无法满足客户随时存取支付的需求。

因此，即便商业银行已经开始发展层次金融，但是如果没有借助平台战略来展开和扩展层次金融的业务模式和渠道，则无法实现层次金融价值的最大化。

平台战略将层次金融的业务内涵和互联网相联系，从客户角度来看，客户能够享受到更加多样、更加便利以及更加趋于私人定制的非同质性金融服务；从商业银行的角度来看，平台战略与层次金融的结合，使得商业银行的业务范围打破了传统金融服务的业务界限，不仅能够提供储蓄、存款、贷款和结算等传统银行业务，还能够提供投资、保险、咨询、金融衍生业务等综合性强、覆盖面广的全金融服务，大大提升了商业银行的市场竞争力。

5.4　案例分析：中国民生银行小区金融的平台发展战略

零售银行业务一直居于商业银行各项业务中客户基础和收入来源最为稳定的业务层次。如富国银行等国际大型优质银行，一直注重从社区切入，大力发展社区银行业务的零售银行业务。我国各家银行尽管也一直注重发展零售业务，但在传统的业务模式中，除如小微金融服务的经营性金融业务外，在消费类零售业务中，往往缺乏业务发展适当的平台来服务零售客户。因此，在学习国外商业银行社区银行业务、大力发展零售银行业务方面，要求国内商业银行既要借鉴社区作为居民的活动空间，以小区为金融服务平台，充分利用互联网技术，充分发展金融和非金融服务，满足小区客户的需求，开拓新的业务层次，也应意识到我国的居民小区不同于美国等的社区，在开展金融服务方面应看到其所存在的差异。在此方面，中国民生银行首先进行了尝试，在比较学习国外社区银行发展经验的基础上，根据国内居民小区的具体情况，提出了小区金融的发展战略，并充分借助小区的平台，为居民提供所需的金融服务。在本节，我们以中国民生银行小区金融为例，研究商业银行如何借助小区平台服务零售银行客户。

5.4.1　民生银行小区金融发展现状

2013 年，民生银行在国内率先提出发展小区金融战略，通过将传统商业银行平台和互联网平台相融合，以金融和非金融相结合的方式，为小区客户提供全方位的金融服务，开拓我国社区金融的蓝海。

5.4.1.1　互联网金融助力商业银行小区金融战略

伴随互联网技术和信息通信技术的不断突破，互联网技术在金融领域的应用日趋增多，这既促进了金融创新的不断产生，同时也提高了金融资源在服务客户中的效率。在这一背景下，商业银行如何借助互联网金融的技术冲击、利率市场化改革的历史契机，推动自身的转型改革，意义重大。在此方面，民生银行在研究制定转型战略之时，将代表互联网核心思维的平台战略有机嵌入转型升级过程中，提出"居住地战略"，以个人客户家庭居住地（社区）为核心，借助信用卡、直销银行、小微金融等内部渠道以及广泛的物业合作、生活服务商合作等外部渠道，通过内外部渠道相结合的方式，实现小区客户的普惠制批量化获取，建立起长久、稳固的高价值零售客户群，打造顺应时代发展、普惠百姓生活的小区金融服务新模式。

随着科技的发展，互联网具备的低成本、高速度、共享、海量客户的特征在商业世界里大放异彩，从 B2B、B2C 到 O2O，互联网商业生态日趋繁荣。同时，互联网金融也获得了巨大的发展。但正如网络教育的兴起促进了学校的教育方法升级却无法取代学校地位，网络订餐拓宽了餐饮企业的经营渠道却不能取代实体餐厅，互联网金融的崛起促进金融创新发展却难以撼动银行的地位，互联网的虚拟世界无法跨越与客户"最后一公里"的距离，无法取代人与人之间基于信任、关心、合作基础上的商业行为。只有将互联网金融与商业银行相结合，才能发挥彼此的优势。

民生银行的小区战略便是将互联网金融融入到小区金融发展之中。一方面，主动切入社区终端，秉承"场景化融入、平台化服务、数据化营销"的经营理念，聚焦小区客户生活方式，以居住地为管理核心，整合外部资源，深入个人客户家庭经济活动之中，提供符合其需求的专业化金融与平台化非金融服务，实现"便利"、"品质"的家庭生活价值主张，借此建立长久、稳固的客户关系。另一方面，借助互联网平台，打造自身的互联网金融体系，通过实施小区战略，民生银行将拥有千万个中高端家庭组成的活跃、忠诚客户群，将金融业务盈利的单引擎模式升级为以构建平台为核心、通过 O2O 模式实现金融和非金融多元化收益的双核盈利引擎，以在未来激烈的市场竞争中，实现多元、持续盈利。

5.4.1.2　小区金融战略带动整体零售规模快速增长

2013 年 7 月，民生银行正式启动小区金融战略，随即迅速投入社区网点的建设之中。截至 2015 年 6 月，民生银行投入运营的社区支行及自助服务网点已超过 5000 家，在同业中遥遥领先。以北京地区为例，经过科学规划、精准布局，已建成 144 家社区支行，遍及 5 大城区 8 大郊县，在市场上形成了一定的品牌影响力，得到了社区居民的认可和欢迎，有效解决了民生银行网点数量不足的难题，逐渐形成零售规模效应。截至 2015 年 6 月，民生银行北京地区小区金融服务客户 30 余万户，管理个人金融资产近 400 亿元，较开业之初新增 172 亿元；管理储蓄存款 125 亿元，开业以来新增 46 亿元，并一直保持良好增长势头，在业内持续领跑，取得了优异的成绩。

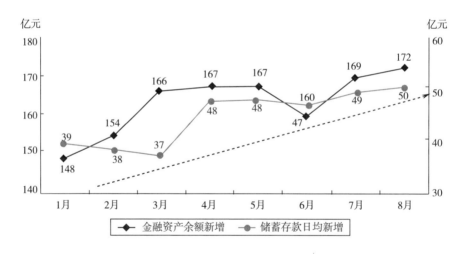

图 5-1　民生银行小区金融客户带动金融资产和储蓄较开业之初新增情况图

一是"就近服务"培养小区客户，贵宾客户和有效客户①持续健康增长。实行居住地战略以来，民生银行小区网点服务半径进

---

①　民生银行有效客户定义：客户号下储蓄季日均≥2 万元。

一步缩短，有效客户数稳步增长，贵宾客户占比不断提高。截至 2015 年 6 月，北京地区有效客户数规模已较上年增加 1.7 万户。小区维护的 20 余万存量客户中，贵宾客户提升至 3.8 万户，增长近 2000 户。

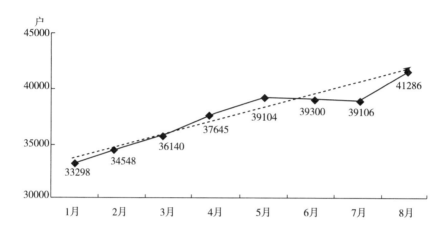

图 5－2　民生银行小区有效客户数较开业新增趋势图

二是小区金融已成为"引新"的重要引擎。实施小区战略以来，新客户新增储蓄和金融资产一直保持良好的增长势头，开业以来新客户新增金融资产贡献度占比达到 70%。新客户已成为小区金融业绩增长的重要动力。

5.4.1.3　"两类店"分类管理模式符合监管政策和居民实际需求

2013 年 12 月 11 日，银监会发布《中国银监会办公厅关于中小银行设立社区支行、小微支行有关事项的通知》（银监办发〔2013〕277 号），明确将银行网点分为"有人"和"无人"两种模式。其中"有人"网点必须持牌，按照金融许可证与营业执照的经营范围开展经营工作，禁止开展非金融业务，不允许开展现金业务；"无人"网点则必须自助，不存在中间形态。该文件从"普惠金融"的角度推动面向社区居民的社区支行、面向众多小微企业的小微支行这种新型业务模式的发展。

民生银行积极响应监管要求，大力发展社区银行业务。截至2015年6月末，仅北京地区就已获得144张社区支行金融许可证，其他380家自助网点则转化为民生电商翻牌店，秉承"便民，利民，惠民"的经营理念，民生银行系统内社区支行和电商翻牌店两类店同时存在，互为补充，将金融（低频）与非金融（高频）业务混业经营，既符合监管政策，又满足了社区居民多样化需求，同时兼顾了跨行业经营的专业性，实现了资源配置和经营效率的"双赢"。

随着移动运营、快捷支付等技术的发展，银行业跨界合作正在加速快跑。依托民生电商翻牌店，民生银行围绕小区进行资源整合，将特惠商户服务、物业管理服务、小区周边生活服务、贵宾服务、银医服务以及第三方合作服务等资源有机融为一体，构建1.5公里社区生态圈，带动客户生活衣食住行相关高频交易，开拓营销渠道，将线上与线下结合，通过异业合作触及新客户群体，为社区支行输送客户名单，帮助社区支行维护提升现有客户。同时，明确社区支行作为产品交付中心、客户体验中心和营销服务中心三大定位，以专业的理财经理驻点服务，为社区居民提供财富管理咨询和产品购买服务，提高客户层次和管理的资产规模，创造可观的中间业务手续费收入。

5.4.2　小区金融的平台价值

平台经济学是法国图卢兹大学的一些卓越学者提出的产业组织理论。和传统微观经济学中厂商和消费者无摩擦地形成供求关系和市场均衡不同，平台理论认为，厂商和消费者必须接入一个平台，才能解决时空搜索邂逅。但平台两端为平台支付的费用是极不均衡的，通常厂商负担全部平台成本，而消费者免费甚至可受补贴使用[①]。作为民生银行小区金融支点的"两类店"（即社区支行和电商翻牌店）在客户居住地生活圈里就扮演了重要的"平台"角色。

5.4.2.1　以小区作为持续批量获客的平台

批量化获客并取得客户家庭经济活动信息，是小区金融商业模式的重要基础。为此，在社区网点选址上，民生银行力求科学规划、合理布局、精准定位。在圈定阵地和目标客户群的基础上，将客户对"便利"、"品质"的生活诉求作为商业模式的起点，形成了包括服务方案设计、客户获取、平台搭建、渠道服务、价值提升构建的顶层价值链，见图5-3。

获客渠道一：直接获客

在客户获取阶段，民生银行以物业合作、交叉销售、IC卡行业应用和家庭授信作为批量获客的四大入口，实现对小区业主的

---

① 《互联网金融的理论支撑：复杂系统理论和平台经济学》，钟伟，载《第一财经日报》，2014-04-02。

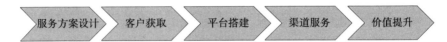

图 5 - 3 民生银行社区战略商业模式

高效批量开发，要求所有小区员工在获客环节必须完成开户、基础产品包销售、家庭及成员基本信息收集三个动作。

为了确保获客环节的质量，为后续提升奠定基础，民生银行特别设计了"有效线索 SPF3"模型，见图 5 - 4。将营销线索作为获客活动效果的考核依据之一。有效销售线索标准为："姓名 + 电话 + 客户来源 + 有价值描述"，主要包括获客场景、客户问题和客户家庭信息、财务状况、兴趣爱好等。通过大数据分析，可以研发对不同销售线索客户最有效的营销话术和提升办法，从而大大提高了客户开发成功率。

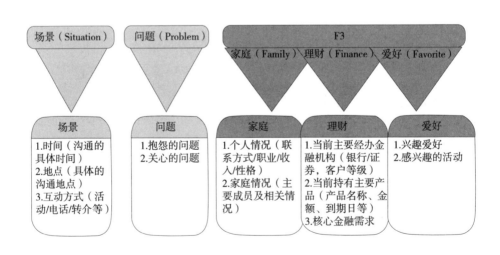

图 5 - 4 民生银行社区战略获客模式图

获客渠道二：间接获客

小区金融以小区家庭为服务对象，以家庭关系网络为主线，并以家庭的成长发展和主要活动为载体，将银行和客户随机的、被动的关系向能动的、长期的伙伴型关系转变。因此，通过客户转介绍客户是小区获客的有力武器。

【案例】关爱"银发族"，做好家族金融服务

北京嘉铭桐城社区支行在日常客户服务中尤其关注老年群体，先后和居委会、社区医院等机构合作，在社区中开展了"老年微信讲座"、"健康知识送到家"等活动，深得客户好评。一位 70 多岁的老爷爷在听完微信讲座后，很快和在美国的儿子进行了视频聊天。儿子非常惊讶，在得知民生银行一直以来对老人的贴心服务之后，决定将主要业务转入民生银行，并转介绍几位朋友也来民生银行办理业务。从这一条线索出发，嘉铭桐城社区支行发展了 1 名私人银行客户、3 名金卡客户和 1500 万元金融资产。和居民两代人甚至三代人成为亲密伙伴，赢得从老到小一家人的喜爱和信任，形成客户群的生命周期闭循环，这正是小区金融的长远价值所在。

5.4.2.2　以小区作为提供分层服务、增强客户黏性的平台

民生银行小区金融承载的使命是为所有民生银行客户提供有品质的、便利的全方位产品和服务。自 1996 年成立以来，民生银行已成长为总资产达 4 万亿元、世界五百强企业排名第 330 位的大

型金融企业，客户遍及全国各地。小区战略实施后，通过高级地址匹配算法，将多年来各个渠道积累的客户还原到居住地，通过提供金融和非金融的分层服务，达到增强客户黏性和吸引力的目的。

一是金融需求的分层服务。根据马斯洛需求层次理论和莫迪利安尼生命周期理论，处于不同需求层次和生命阶段的个人和家庭对于财富管理的诉求点不同，因此，银行需通过分层服务来满足不同客户的需求，通过成本控制实现自身投入产出的最优配置，见图 5 - 5。

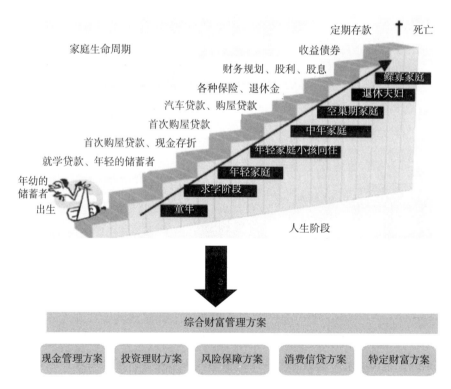

图 5 - 5　不同生命阶段对应的需求层次和小区战略的金融服务方案

民生银行小区金融以社区支行为提供家庭综合金融服务方案的一线阵地，借助"财富管理需求分析工具"，帮助家庭发现人生不同阶段的财富管理需求，为客户提供包括子女教育、医疗保健、安家置业、退休养老等一系列金融保障性服务。其中，中低端客户可享受标准化产品配置服务，而中高端客户可以得到顾问式的专业财富管理服务，满足个性化的财富管理需求。如：私银客户可享受随时一对一投资顾问岗服务，明确服务专属性和高效性；贵宾级客户按层级由理财经理团队根据客户资产、贡献值提供多频次、多渠道沟通及产品配置信息推送。客户资产提升后转移至更高级别理财经理以享受更丰富的产品配置和更专业的顾问服务，理财经理专注服务特定级别客户更容易识别客户群特点，提高效率。

二是非金融需求的分层服务。在社区居民生活中，金融服务属于"低频"交易。民生银行通过构建小区生活圈，持续渗透客户家庭经济活动，在"高频"的非金融服务中，根据客户兴趣点定向推送活动信息，如健康讲座、亲子活动、日用品特卖、洗车、旅游、公益活动等，巧妙开展分层服务，客户满意度和层次提升效果明显。

【案例】 从便民大集、代缴电费中细分服务

北京大兴顺驰领海社区支行自 2014 年初开业以来，坚持每周四举办一次"便民大集"活动，日用商品特卖和二手跳蚤市场交易火爆，所有参加大集活动的客户持民生银行智家卡均可享受一

定比例优惠，客户级别越高，能够享受的优惠力度越大。不仅如此，便民大集那天还是社区居民集中委托民生银行工作人员代缴电费的日子。由于平时留守小区的多是老人孩子，年轻人早出晚归，与电力公司规定的缴纳电费的时间不一致，顺驰领海社区支行推出了一项暖心服务，帮助居民代缴电费，新开卡客户提供1次服务，有效客户提供3次服务，银卡以上客户不限次数，金卡以上客户还可提供上门服务。如果客户层级提升有困难，那么转介绍3名以上新客户也可享受不限次数的服务。在熙熙攘攘的便民大集上，转介绍和口碑营销每时每刻都在发生。

5.4.2.3　助力小微企业成长的平台

民生银行小区金融平台吸引了众多生活服务品牌供应商加入"1.5公里生活圈"平台，帮助企业深入社区，实现与客户在"最后一公里"的成功对接，见图5－6。小区金融同时与小微条线联

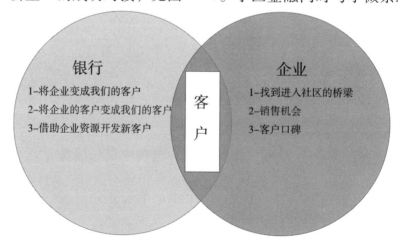

银行
1-将企业变成我们的客户
2-将企业的客户变成我们的客户
3-借助企业资源开发新客户

客户

企业
1-找到进入社区的桥梁
2-销售机会
3-客户口碑

图5－6　小区战略的客户合作模式

动,支持当地知名品牌商或潜力型商户在小区周边的业务发展,为客户提供资金流、信息服务流以及全场景金融解决方案,建立合作共赢、互补发展的共生关系。

【案例】小区平台上的多层次合作

Z公司是一家中小规模的早教培训机构,某社区支行行长小Q通过对本小区的观察和数据分析了解,小区居民25~40岁客户占小区总户数的60%以上。他们非常关注子女教育问题,并且具备经济消费实力。小Q与位于小区门口的Z公司培训点对接后,将其发展成为民生银行特惠商户,并对小区内持民生智家卡客户提供免费体验课程一次和八折优惠价格,小Q将这一优惠信息及时在民生社区生活圈APP中发布,并在社区支行广告位张贴了海报。

1年后,小Q再次找到Z公司,表示根据Z公司的交易记录流水,民生银行可提供信用贷款,并愿意利用小区网点和数据资源帮助Z公司开拓培训市场。

2年后,因为早教行业的市场需求和自身的优势,加上民生银行在数据和授信上的大力支持,Z公司成功将培训点扩大到了100个,全部位于民生银行精选的大型中高端成熟社区,逐步开通了APP家长在线课程,多次与民生银行举办线上线下活动,市场份额稳步增长。此时,小Q再次带领投行部来到Z公司,表示民生银行有意通过财务加股权的方式帮助Z公司进一步拓展市场,利用各分行的教育资源帮助Z公司解决全国拓展中最难的准入和师资问题。Z 公司表示已经有很多风投找过他们，但是一方面不愿意出售更多股权，另一方面也感谢民生银行对企业一路走来的扶持，于是达成协议。

1 年后，Z 公司创业板上市，市值 40 亿元。

5.4.2.4 实现交叉销售和客户综合开发的平台

以往，大零售板块内不同部门各自销售产品，重复劳动和真空地带同时存在。小区金融战略实施后，民生银行内部通过整合，搭建内部协同管理平台，可以将零售、小微、信用卡和直销银行等多类产品、客户信息、渠道资源，依托"数据集市"和数据挖掘工具，进行客户细分，找到交叉销售精准营销的突破口，不断提高各渠道间客户交叉销售率和产品交叉使用率，从而降低客户流失率，提升客户贡献价值。

【案例】信用卡交叉销售

客户王女士，为民生银行白金信用卡持卡客户。小区金融数据集市通过信用卡账单地址将其匹配至民生银行某社区网点，并对她近半年来信用卡消费记录进行分析，发现王女士经常使用民生银行手机银行进行转账汇款和支付，每月至少 4 次加油消费记录，且有一次宝马 4S 店交易，由此判定王女士是一位宝马系车主。社区支行行长小 W 主动联系王女士，向其推荐了信用卡绑定借记卡自动还款功能。王女士欣然接受，同时办理借记卡并签约资金归集综合产品包，在进一步深入沟通后，了解到王女士是经营糖果副食的小微业主，小 W 根据王女士家庭资产情况提出了理财产品的配置建议，并将其引入"社区年货大集"平台，帮助王女士扩大经营规模，并根据其交易流水为其提供微贷，便于盘活资金、更好盈利，在跟踪服务一年后，王女士已经成为民生银行钻石卡客户，选择民生银行作为其家庭和企业的业务主办行，并转介绍了 2 名资质较好的新客户。

5.4.3　小区金融平台前景展望

小区金融作为新的业务层次，从 2013 年 7 月民生银行提出至今，其商业模式一步步从理论探索到实践验证后所取得的巨大成功，以及各家商业银行的争相效仿，证明了其商业平台的价值和持续盈利的可行性。

5.4.3.1　社区支行生命周期探索

社区支行前期建设投入成本巨大，在客户积累和效益产出上需要时间。通过对民生银行近 100 家社区支行开业 2 年来的数据分析可以发现，随着社区支行开业时间的推移，信誉度和口碑的不断建立，在小区内维护的客户数量不断累加，新客户在开业后 3 个月至 18 个月时间里呈现持续快速增长态势，但在开业 1 年半后，新客户快速拓展势头明显乏力。与此同时，随着客户信任感增强和客户层次的提升，在开业 1 年内，客户以理财产品为主的金融资产结构逐渐转向基金、保险、理财齐头并进，社区支行在第二年创利能力持续加速增长，并保持了良好的增长势头，非金融服务的创利从无到有，从第12个月以后开始出现增长。在金融产品中间业务收入和非金融服务创利的带动下，近一半的社区支行有望2年内可以实现盈亏平衡甚至盈利，见图5-7。

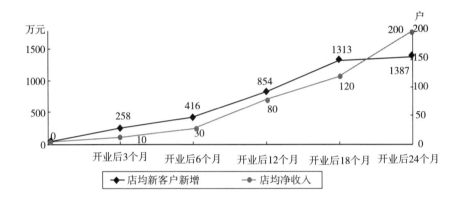

图 5-7 民生银行社区支行开业后业绩新增走势图

(2013 年 9 月至 2015 年 9 月)

5.4.3.2 社区网点发展潜力分析

一是批量获客仍有增长空间。民生银行小区金融在批量获客方面取得了一定成绩，但可开发的空间依然很大。以北京地区为例，6884 个重点小区中，民生银行已渗透小区 6254 个，社区网点覆盖小区数 653 个。在已覆盖的小区内，个人客户覆盖率仅为 13.08%，见表 5-1。因此，无论是固守小区阵地，还是"走出去"发展企业阵地，持续引入新客户是恒久不变的目标，增长空间巨大。

表 5 - 1　　　　　　　　　民生银行北京地区社区支行情况表

序列	区域定义		区域网点数（家）		区域内 - 社区网点信息		区域店均业绩（8 月末较 2014 年新增）		区域店均交易量（笔）
	区域范围	片区细分	合计	数量/片	民生银行客户数（户）	平均房价（万元）	金融资产余额新增（万元）	有效客户新增（户）	日均交易笔数
1	M - 中心城区	M1 ~ M6	52	8.7	31362	5.11	1663.9	94.1	108.7
2	Z - 中关村	Z1 ~ Z7	58	8.3	52810	4.38	419.1	49.7	65.5
3	O - 奥运村	O1 ~ O5	27	5.4	25484	4.4	1493.9	56.3	90.1
4	Q - 郊区	Q1 ~ Q5	27	5.4	23466	2.46	729.9	37.6	121.9
5	W - 西部城区	W1 ~ W12	62	5.2	98237	3.6	667.1	71.7	110.1
6	S - 南部城区	S1 ~ S5	25	5	33202	3.33	226.3	46	124.3
7	B - CBD 区域	B1 ~ B9	31	3.4	27954	3.72	2757.5	87.4	118.8
8	E - 东部城区	E1 ~ E14	40	2.9	63323	3.94	1142.8	66.8	123.7
合计			322		355838				

　　二是交叉销售大有可为。美国次贷危机让美国众多银行业巨头遭受重挫，但富国银行（Wells Fargo）却以轻微亏损的成绩单脱颖而出。2015 年 7 月，富国银行市值超越中国工商银行，成为全球市值最高的银行。重视交叉销售（Cross - selling）是富国银行经营的一大特色，既满足了客户多元化金融服务需要，也是稳定客户基础的重要措施。同时，也可从现有客户身上寻找更多的盈利机会。每个客户使用的产品和服务数量是富国银行非常看重的一项业绩指标。2011 年，富国银行每个客户使用的产品数平均达到 5.92 个，最高的地区达到 7.38 个。富国银行的目标是使每个客户

使用的产品数达到 8 个，让客户所有的金融需求都在富国银行办理是该行交叉销售的最高目标。为了加强交叉销售，富国银行每年花费数亿美元用于资料整合技术及建立数据库，以便更深入地分析客户的产品需求，更有针对性地进行交叉销售。多年来，富国银行 80% 的业务和盈利增长都来自向现有客户的交叉销售。目前，民生银行零售客户的交叉销售还处于起步阶段，但可借鉴富国银行交叉销售的经验，实现对价值客户的产品全覆盖，挖掘客户潜在需求，提升客户贡献值，是小区金融未来发展的重要目标。

三是平台化非金融服务有待"引爆"。小区金融在非金融板块的经营价值是"社区家庭客户及其数据——社区生活服务资源"平台整合的双向螺旋式上升，打造中国最好的社区生活服务平台。小区金融商业模式可快速积累海量以客户居住地为基础的社区居民经济活动和行为偏好数据，基于对平台客户的深入挖掘和内外部优质资源的持续整合，通过向第三方合作伙伴提供战略咨询、销售顾问、渠道拓展、平台宣传等非金融服务，有助于实现小区金融平台战略和大数据资源的商业价值，构建非金融板块的长期盈利模式。

目前，平台化非金融服务正在培育和积累过程中，在量变积累到质变阶段后，将产生互联网时代特有的"引爆"效果，成为小区金融新的利润增长点。民生银行也可全面打通"两小"客户（即小微客户和小区客户），进一步提升小微客户价值，最终推动"两小"客户数和资源量良性上升，形成零售业务核心竞争力。

综上所述，民生银行小区金融战略的实践方面，是通过将盈利更多地依托于客户数据的分析与挖掘，以及 O2O 模式生活服务平台整合多方资源，汇聚海量小区业主和特惠商户的小区金融平台，持续增强小区平台的商业和品牌价值，实现小区金融层次金融的实现。

第6章

商业银行层次金融的实现路径之二——资产证券化

在商业银行的层次金融体系中，定位适合自身的业务层次，同时搭建自身的层次金融体系后，各项业务在财务上的表现无疑为商业银行的资产。而对于商业银行而言，业务的发展无疑需要资产和负债两方面：负债方面，在利率市场化到来和混业经营后，各项金融牌照放开之际，传统存款这一低廉的负债模式越发难以为继，各家商业银行在负债方面的融资成本上升明显。而在资产方面，各项投资和贷款等业务所形成的资产长期以持有形式存在，只能收取利息收入，风险难以有效剥离，且占用了大量资本和人力、物力资源。因此，为突出商业银行层次性的定位，可根据细分业务层次下的资产层次划分，通过资产证券化的形式进行资产层次调节，以调节流动性并防控风险，实现商业银行各级业务层次的调节，推进业务发展。

6.1　以资产证券化实现商业银行层次金融的双边需求调节

商业银行构建自身层次金融体系的目的，是为满足客户层次化、个性化的金融需求，同时充分参与到金融市场，在利率市场化和混业经营来临之际，实现自身综合竞争力的提升及利润的最大化。这可具体从客户和商业银行两方面相对应的角度进行分析。

客户在需求方面，同时有融资需求和投资需求。客户的融资需求，可通过商业银行直接或间接获得资金，即通过商业银行的直接贷款，或由商业银行作为中介方，通过委托贷款、发债以及上市等方式进行资金融通。表现在银行方面，便是在表内通过提供直接贷款融资，或在表外以金融市场业务的方式对其进行融资，也可根据银行内部业务层次，划分为不同的条线。相应地，由于融资业务是商业银行的资产业务，因此也可归入相应的资产层次，如公司银行贷款资产、消费贷款资产、小微贷款资产、信用卡资产等划分为贷款层次。客户的投资需求，即客户渴求通过银行对资产进行保值增值，可通过在银行直接的存款业务、购买银行理财产品等与银行有直接的业务往来，也可以银行为媒介购买其代销的基金、信托理财等。在混业经营全部放开后，还可通过银行开展的经纪业务购买股票、债券、外汇等。此类业务在银行方面，表现为自身获取资金的负债业务。

伴随利率市场化和混业经营的到来，商业银行将可同其他金融机构一样，通过更加接近资本市场的方式获取高额利润。但应看到，其利润来源分为两方面，一方面是通过金融市场业务中的投资银行业务、托管业务、财务顾问业务等获取不占用自身资本的高额收益，另一方面则是通过占有自身资本的资产业务，包括贷款业务、自营业务等来获取收益。这两种业务层次，仅依靠商业银行的自由资本显然难以维系高增长的态势。因此，需要借助杠杆原理，以获取超额利润，即通过满足客户的投资需求，来获得成本尽可能低的资金来满足自身的流动性需求，也即通过尽可能低成本的负债来进行资产投资，以获取高收益。只有充足的流动性，才能够满足商业银行的高盈利需求。这就要求商业银行要保持充足的流动性。商业银行在获取流动性方面不同于其他金融机构之处，便在于其拥有吸收存款的功能。传统上，在客户投资选择有限的情况下，存款业务，特别是储蓄存款业务是商业银行成本最为低廉的负债，同时存款业务也保证了商业银行充足的流动性。但随着利率市场化和混业经营的来临，互联网公司、证券公司、保险公司、信托公司等为客户提供了层次更加多样化的金融市场参与机会，以及各类收益性更高的金融产品。

负债成本的提升使得商业银行越来越难以获得成本低廉的资金，被迫参与到高成本资金的获得中，通过理财等方式获得所需的流动性。同时，商业银行在运用资金所形成的各类贷款资产和投资资产尽管形成了可观的收益，却存在三项弊端：一是留存在表内占用资本；二是难以迅速变现获得流动性；三是形成资产后风险长期留存在表内，而未有效转移。这三项弊端使得商业银行积极寻求借助金融市场的不同层次对各类存量资产进行合理运用，尽可能规避存量资产的风险，并可根据业务发展需求和客户的需求，对已区分层次的资产进行合理调节处置，获得业务所需的流动性，以弥补由于负债业务成本提升所带来的流动性不足问题。资产证券化无疑为商业银行提供了盘活存量资产的有效途径，即根据业务发展的需求，选择将存量的各层次资产进行出表或半出表出售，并以其所产生的现金流发行债券进行融资。对于不同层次资产的调节，既满足了客户多层次的投资需求，同时也盘活了商业银行的存量资产，有效解决了存在的流动性问题。

6.2 以资产证券化实现商业银行层次金融的流动性调节

在商业银行的层次金融体系下，不同层次的业务对应着不同层次的资产类别。公司银行层次资产、零售银行层次资产、金融市场层次资产同时存在于商业银行的资产负债表中。传统上，商业银行要重点发展哪一层次的业务，会在资产方面表现为这一层次业务对应的资产相应增多，而资产端的增加直接需要负债与之相匹配，以提供相应的流动性支持相应层次资产的增长，支持该层次业务的发展。即商业银行要发展某一层次的业务，首先需要负债端形成足够的流动性以支持业务发展下资产的增长。商业银行作为一个整体，各个层次的资产均需要相应的负债支持，若某一层次的业务在资产端不断增大，而负债端却没有足够的流动性支撑时，便需要其他层次业务提供流动性以支持这一层次资产的扩大，这一方面可以在行内灵活调节各项业务的流动性，以重点支持核心业务的发展，但另一方面也会使得提供流动性的业务因流动性的缺失而影响本业务的发展。

实现流动性灵活支持商业银行层次金融体系业务发展的前提，是流动性的充裕，即负债业务可以提供充足的流动性以支持业务的发展、资产的增长。在利率市场化到来之前，商业银行依靠存款这一负债业务可以提供充足的流动性，以支持商业银行主要贷款业务发展，即使保持各项资产持有到期仍能获得较高的收益。同时，可以在各层次资产间进行灵活调节。传统的公司银行业务和消费金融业务均能够带来稳定的公司存款和价格低廉的储蓄存款，能够实现自身层次业务资产负债的匹配。但对于小微金融业务，由于服务客户为各类小微企业，其本身面临着较大的资金需要，而其高盈利性和较低的风险性又可为商业银行带来可观的收益和较低的风险，因而可作为重点发展领域，但其自身的资产和负债往往难以匹配，更无须提及在小微金融业务层次满足银监会存贷比等指标的要求，因此便需公司银行业务层次和消费金融业务层次提供流动性以支持小微业务的发展。

随着利率市场化的到来和混业经营的推进，客户有了更多的金融投资选择，商业银行获得流动性的难度在逐渐加大。一方面，负债业务的融资成本日渐提高。客户可以根据自身的层次对应商业银行不同的层次业务体系，通过个人理财、企业理财等获取收益更高的金融服务，而不再选择传统的存款业务。另一方面，商业银行负债业务的增长速度也在降低。随着混业经营的到来，商业银行和其他金融机构可以为客户提供家族信托、资产托管、受托投资等服务，而这些服务或不形成商业银行负债，或难以在各层次业务间调配，使得如小微金融业务等在行内获得流动性的成本逐渐增加，难度逐渐增大。这都导致商业银行难以调解足够的流动性以支持业务的发展。

同时在资产端，商业银行却有大量如贷款资产以持有到期的形式留存在表内，仅能够获得尽管稳定但却较低的利差收入，陷入面对高收益的其他业务却无法参与的困境。资产证券化方式刚好可以盘活已有的存量资产业务，以提供足够的流动性。第一，通过资产证券化的方式将资产重组、打包，出售给 SPV（特殊目的载体），以获得所需的流动性。第二，资产证券化无须以被动负债如存款方式存在，而可以根据全行业务的需要灵活调节资产证券化的业务类型、时间和规模，有效规避传统存贷业务"存短贷长"的期限错配风险。第三，通过资产证券化进行流动性调节，可对收益性相对较低的资产进行证券化，以腾挪出所需的流动性，投入收益性较高的资产，获得超额收益。第四，通过资产证券化将资产出售于 SPV，可将资产移除资产负债表，有效降低资本监管压力。第五，商业银行根据业务发展规划，往往会有选择地进行业务进入和退出，在之前持有资产到期模式下，要退出的业务领域往往只能等资产到期时退出，方能将流动性转型支持新业务的发展，而通过资产证券化，可以对需要退出业务的资产提前进行证券化处置，降低资产规模并退出业务，尽快释放流动性，以开展新业务。

因此，在对资产按业务层次进行划分后，商业银行可以通过资产证券化，根据业务发展的需要，灵活选择对各层次资产的证券化或继续持有，以在保证流动性、提升整体盈利性的同时，合理推动业务发展。

6.3 以资产证券化完善商业银行层次金融的风险防控机制

商业银行运用资产证券化除可通过有效调节各层次资产的比重、改变资产持有到期策略达到改善资产结构，获得业务发展所需流动性的目的外，还可以资产证券化的方式，将资产合理转让于 SPV，移出表内，规避可能由于经济下行等系统性金融风险导致的不良率升高等问题。再通过担保、保险等方式对资产证券化债券进行增级，防控可能由基础资产引发的债券违约。

根据资产证券化实现的资本流程，是将可以产生稳定现金流的资产出售于 SPV，由 SPV 对所购资产进行重组、打包，再以重组、打包后的资产作为基础资产，借助其他机构的担保、保险等形式进行增级，形成债券出售于各类购买者。其中，对商业银行资产风险防范体现在两方面。

一方面，是对传统长期持有型资产的风险隔离。尽管 SPV 可由商业银行全资设立，或参股设立，也可是指定机构，但需为独立法人，即不为商业银行分公司等，且资产必须明确转让于 SPV。这使得贷款等资产转让于 SPV 后，商业银行对所转让的资产实现了风险隔离。对此，从我国 2005 年开始推动资产证券化，到 2012 年重启资产证券化的相关文件中，对 SPV 和"真实出售"均做了明确规定。关于 SPV，2005 年由人民银行和银监会联合发布的

《信贷资产证券化试点管理办法》中，明确规定特殊目的受托机构由依法设立的信托投资公司或中国银监会批准的其他机构担任。关于"真实出售"，在 2010 年银监会下发的《关于进一步规范银行业金融机构信贷资产转让业务的通知》（银监发〔2010〕102号）中，便明确规定信贷资产证券化的基础信贷资产必须真实转出，且转入方必须同借款人重新签订相关合同，明确抵押所有权等事项。相关文件的规定，保证了资产转让后，其可能发生的各类偿付风险完全与商业银行隔离。

另一方面，由 SPV 重组、打包的资产在与商业银行隔离后，其评级已与商业银行无关，且在经 SPV 以此为基础资产发行的债券，通过担保机构担保、保险公司保险或其他方式对其信用增级后，提高了新发行资产支持债券的风险防控水平。这些债务通过人民银行主导的上海清算所和银监会主导的中国债券登记交易结算公司进行出售时，进行分级出售，即优先级和次级等，需针对客户不同的金融需求和风险偏好进行不同的风险防控。

可以说，通过资产证券化方式，商业银行将各类原本以持有到期形式控制的资产进行合理出售和证券化，有效规避了如贷款资产可能由于经济下行导致的大面积不良资产爆发的风险。同时，对于风险偏好不同、盈利性要求不同的投资者，也可通过购买收益稳定、风险偏好较低的优先级债券或收益较高但风险偏好也较高的次级债券来满足自身层次的金融需求。

6.4　案例分析：中国民生银行以资产证券化调节层次金融体系

面对利率市场化和混业经营的挑战，商业银行在积极推进自身改革、构建自身的层次金融体系，并将业务划分为公司银行层次、零售银行层次和金融市场层次的层次金融体系后，一方面在平台战略的指引下，推动层次金融体系的运转，另一方面还需通过资产证券化业务对各层次资产进行调节。在满足监管要求的条件下，合理调节资产规模，优化资金机构，以增强流动性，并提高存量资产的收益率。在我国银行业过去的黄金发展岁月中，规模扩张是商业银行盈利的主要模式，而商业银行的资产也随着业务规模的扩张而快速增长。但这一模式，在未来恐难以为继。一是传统的规模扩张需要负债业务提供源源不断的资金支持，而利率市场化的推进将使得商业银行的资金成本不断增大，负债业务的扩张难度也将高于之前。而通过资产证券化，可以将商业银行的存量资产加以盘活，循环运用，以支持业务的发展。二是在经济下行期，我国商业银行资产质量普遍不容乐观，可以通过资产证券化业务合理调节现有银行资产，有效化解业务风险，控制风险。三是通过创新资产证券化业务，可以拓展新的业务发展空间，对不同层次的资产进行合理组合调节，调节不同层次业务的流动性。目前，我国各家商业银行均在大力发展资产证券化业务，以调节自身的业务、资产体系。为此，本部分以中国民生银行为例，对其运用资产证券化对商业银行层次金融体系进行调节的实践进行研究。

6.4.1　以资产证券化开拓业务发展新格局

资产证券化业务作为有效调节商业银行资产规模、流动性及风险的重要业务，从 2005 年在我国银行间市场试点以来，十余年时间，发展日趋成熟。而国内各家商业银行也均在积极尝试资产证券化业务的发展。目前，商业银行可同时作为资产证券化产品的发行方、承销方和投资方。同时，在 2013 年银监会发文明确信贷资产证券化实行备案制后，证监会也于 2014 年 11 月出台了《证券公司及基金管理公司子公司资产证券化业务管理规定》，明确规定资产支持证券可以在证券交易所、全国中小企业股份转让系统、机构间私募产品报价与服务系统、证券公司柜台市场等挂牌、转让。民生银行在密切关注资产证券化发展方向的同时，从 2013 年起开始在具体业务实践方面进行创新尝试。民生银行旨在通过资产证券化业务，实现表内外信贷资产、理财资产、代销资产等各类金融资产的腾挪流转，形成金融资产流转业务的统一操作平台，以解决资本与规模的双重约束，支持战略性业务开展和重点客户的开发维护，开辟全新的业务格局。

2013 年 7 月，民生银行召开了资产证券化工作组启动大会，由公司银行部、风险管理部、授信评审部、资产监控部、法律合规部、资产负债管理部、资产托管部、财务会计部、运营管理部、科技开发部、信息管理中心、信用卡中心等部门共同推进资产证券化业务，明确了研究和推动民生银行发展资产证券化业务的方向，研究了资产证券化业务可选择的基础资产，包括表内资产、表外资产以及企业客户资产，业务模式包括银行间模式、交易所模式和私募模式。

随后，在 2013 年 12 月 5 日，民生银行推出了首只资产证券化产品——"民生 2014 年第一期信贷资产支持证券"，并在银行间市场成功发行，发行总金额 58.4036 亿元。在基础资产方面，民生银行选择了包括能源金融事业部、交通金融事业部、北京管理部、重庆分行、济南分行、南京分行、郑州分行在内的 7 家经营机构，提供信贷资产支持证券的入池基础资产，对体系内各层次资产进行集中调节，通过加速信贷资金周转改善资本充足率，对资产负债结构进行优化，合理调节了各层次资产的压力。

6.4.2　布局资产证券化业务四大方面

在对资产证券化业务进行深入研究和实践后，民生银行根据自身情况，在 2015 年 1 月制定了《2015 年资产证券化业务全行工作规划》，在明确资产证券化业务的定位和 2015 年总体规划的基础上，明确了打造金融资产流转平台，以资产证券化业务打造交易银行的发展方向，并将资产证券化业务划分为信贷资产证券化、企业资产证券化、私募资产证券化和资产证券化产品投资四个业务层次。

信贷资产证券化是以对公贷款、零售贷款（住房按揭和消费贷款）、信用卡（汽车分期和账单分期）、商业地产按揭抵押贷款为基础资产进行的公募资产证券化业务。信贷资产证券化一是可节约资本，有效降低融资成本、优化资金结构、提高资产回报率；二是能够释放信贷资产规模，加速资产流动性，将存量变增量，提高资产吞吐能力；三是可实现去化资产，去化转出不适合自身定位发展的信贷资产，提高整体资产质量。

企业资产证券化业务是指由银行作为财务顾问、资金托管银行、资金监管银行和流动性支持机构，利用券商或基金子公司的发行通道，为企业资产证券化提供财务顾问服务，并参与证券承销业务。企业资产证券化业务，一是可增加多项中间收入，包括流动性支持费、财务顾问费、销售推广费、托管费等；二是可有效维护银企关系，为客户提供多样化的融资渠道；三是可开拓新的业务空间，以应对利率市场化来临的挑战。

私募资产证券化业务是除公开市场发行的信贷资产证券化、企业资产证券化外，资产证券化业务的重要补充。可通过区域股权交易中心、金融资产交易所、券商柜台市场、互联网金融平台、第三方理财机构等各种私募资产证券化渠道发行产品，实现金融资产流转。因为无须监管审批，效率更高，在公开市场未放开的情况下业务规模更大。对于不符合公募资产化发行要求的企业，或者对融资效率要求较高，同时可以承担相对较高的融资成本的企业，可以通过私募资产证券化方式为企业融资，提升银行的金融服务能力。特别是针对不符合证监会企业资产证券化要求的客户，推荐采用私募形式为其证券化。

资产证券化产品投资业务主要是利用自有资金或理财资金，

对接民生银行本行资产证券化产品的次级，其他银行发行的资产证券化产品优先级，企业资产证券化产品的夹层、次级或流动性支持，以优化资金结构，与他行建立互持承诺，降低自身资产证券化的发行难度，以投资带动融资业务，并带动中间收入，提升盈利能力。

6.4.3 打造资产证券化系列产品品牌

为推动资产证券化业务发展，民生银行致力于打造资产证券化产品品牌，并初步形成了"企富"产品系列、"创富"产品系列的信贷资产证券化产品品牌；"汇富"产品系列的企业资产证券化产品品牌。

——信贷资产证券化产品，包括"企富"系列产品和"创富"系列产品。"企富"系列产品是以民生银行信贷资产为基础资产，公开发行的信贷资产证券化产品，如"企富2015年第一期个人住房抵押贷款资产支持证券"等。"创富"系列产品是以资金为导向，以民生银行信贷资产为基础资产，根据投资人特定需求订制的私募型信贷资产证券化产品。在产品发行方面，"创富"系列产品直接对接投资人，通过私募模式解决了私募资产证券化的资金来源问题，能够有效盘活银行的存量信贷资产，调节信贷资产的流动性问题。如在2015年2月27日，民生银行发行了"创富"系列的第一单产品——"创富1号"民生银行第一单私募信贷资产证券化产品，发行规模97.7亿元，行内8家经营机构参与提供了40笔基础资产。随后，2015年3月26日，在"创富1号"成功发行的基础上，民生银行第二单私募信贷资产证券化产品——"创富2号"成功发行，发行规模51.64亿元，并由民生银行内部11家经营机构提供了45笔基础资产。"创富2号"在"创富1号"的基础上，扩大了基础资产的准入范围，在与投资者进行深入而有效的沟通后，将地产行业类与土储平台类资产作为基础资产入池，成功实现了特殊类基础资产入池。

——企业资产证券化产品：主要以"汇富"系列产品为主。企业资产证券化业务包括产品财务顾问服务，提供产品流动性支持增信和产品直接投资等。企业资产证券化由于适用的基础资产范围广、企业类型多、行业跨度大，在我国经历8年的试点阶段后，业务已逐步转入常规，并成为商业银行为拥有优质资产企业提供直接融资的重要业务方式。民生银行一直在企业资产证券化领域积极打造"汇富"系列品牌。如2015年5月19日，民生银行成功发起企业资产证券化产品"先锋租赁1号汇富资产支持专项计划"。该产品在上海证券交易所成功挂牌发行，发行总金额4.3亿元，是自2014年10月证监会重启企业资产证券化业务并由审批制改为备案制以来，民生银行主动发起并担任财务顾问公开市场挂牌的第一单企业资产证券化产品。

6.4.4　着力提升资产证券化业务的综合收益

为提升资产证券化业务的综合收益，民生银行积极推进企业资产证券化业务的闭环模式，即在企业资产证券化业务过程中，业务承揽、承做、投资均由民生银行业务操作，并由民生银行承担监管银行、托管银行、优先级机构投资者等多种角色的三位一体闭环式业务模式。

2015 年 10 月 12 日，由民生银行主导的全国首单酒店会展行业资产证券化项目"汇富河西嘉实 1 号资产支持专项计划"成功发行。该项目计划发行总金额为 8.5 亿元，由民生银行认购优先级 8 亿元规模，由实际融资人南京市河西新城区国有资产经营控股（集团）有限公司持有 0.5 亿元次级规模。产品期限为 10 年，实际投资期限为 5 年。目前，该项目的 10 档优先级证券已经在中证登机构间报价系统成功挂牌。该项目中，民生银行担任承销人、投资人等多重角色，在获得中间收入的同时，也实现了存款的商业银行留存，提升了资产证券化业务的综合收益。

2015 年 6 月 30 日，由民生银行主导的市场首单住房公积金贷款资产证券化项目"汇富武汉住房公积金贷款 1 号资产支持专项计划"正式成立并完成发行。该项目发行总金额 5 亿元，其中优先级 4.75 亿元由民生银行自有资金认购，次级规模 0.25 亿元由原始权益人武汉公积金管理中心持有，并在上海证券交易所挂牌交易。这一方式盘活了数万亿元的公积金贷款存量资产，开启了各地住房公积金中心运用证券化手段向资本市场进行直接融资的新篇章，同时也是第一单由民生银行全程主导并以自有资金认购优先级，同时在交易所市场上挂牌的企业资产证券化项目。

在风险防控方面，民生银行着力完善企业资产证券化业务的风控体系，一是对于不同种类、不同风险特征的证券化基础资产，着力建立差异化的客户准入标准。二是对于业务中担任财务顾问、流动性支持提供者、资产支持证券投资人等不同角色，建立相应的管理制度。三是对于不同风险性质的基础资产，根据资产信用或企业主体信用的风险属性，建立差别化、精细化的全业务流程操作规范与管理要求。

6.4.5 推动零售资产证券化业务发展

2015 年 4 月，中国人民银行发布《信贷资产支持证券发行管理有关事宜》（中国人民银行公告〔2015〕第 7 号），对信贷资产证券化发行实行注册制管理，明确符合一定条件的机构可申请一次注册、自主分期发行，以大幅提高后续项目的发行效率，极大推进我国证券化市场规范化、常态化的发展。民生银行与建设银行共同成为首批获准发行个人住房抵押贷款资产支持证券（RMBS）的两家机构。在这一背景下，民生银行积极发展零售信贷资产证券化业务，并根据零售信贷资产单笔金额小、笔数多的特点，通过零售银行系统与科技系统对接，于 2015 年 6 月构建了零售资产证券化系统。通过该系统实现项目管理、批量入池、证券化卖断、封包期现金流处理、回收款转付、证券化赎回、发行管理等功能的开发，推动消费类贷款的资产证券化工作。

民生银行积极推动 RMBS 项目发展，并注册 RMBS 项目规模 100 亿元。获得注册许可后，于 2015 年 7 月 15 日在银行间市场成功发行了首期 RMBS 项目——"企富 2015 年第一期个人住房抵押贷款资产支持证券"，发行总金额 7.8 亿元，成为注册制下市场第一单正式发行的 RMBS 项目。RMBS 项目将相对缺乏流动性的长期按揭贷款作为基础资产，实现了对"表内＋表外"消费信贷业务发展新路径的积极探索。在注册制背景下，推动了零售资产证券化业务的全面快速发展。

第 7 章

结 论

商业银行层次金融的构建，其作用在于服务商业银行未来的平台战略。而平台战略的本质，是商业银行作为中介的平台、交易的平台和服务的平台，一方面为客户提供服务，另一方面参与到金融市场之中，即根据客户的各种金融需求，参与金融市场的建设、发展和各项活动。为发挥平台作用，商业银行在金融市场和客户两方面都有着互动的关系。

在客户方面，除满足各类客户多种金融需求外，同时还要努力开发需求，如乔布斯所言，即"创造客户之需求"，这就需要商业银行构建自身的层次化业务体系，来满足和创造客户需求，与客户形成双向互动的层次化体系建设，即自动划分客户层次，自身也设置相应的业务层次与之相对应。

在金融市场方面，在层次化的金融市场中，商业银行要找寻适应客户，能够满足客户需求，自身又能参与其中提供服务的金融市场层次，就要求金融市场要不断发展完善，推动金融市场的基础设施建设，来满足直接和间接参与者的诉求。同时，金融市场又在不断推动着自身的创新，这既有参与者在市场盲点端的创新（人类金融史上的大多创新，大抵于监管和市场的盲点之处，由聪明的金融精英以擦边球的方式创造而来），也有金融市场自身不断完善，倒逼参与者的创新之举。即金融市场的完善和不断细化的层次，是市场参与者商业银行、通过商业银行这一平台参与的客户和金融市场的监管者、建设者共同构建之成果。

因此，商业银行的层次金融体系，要从业务、产品、组织架构等多方面构建。同时，面对庞大的金融市场，任何一家银行都很难满足所有客户的需求，也很难在金融市场所有层次中都取得优势地位，而多层次作战的结果也往往会因为资源、人力的分散陷入多层次出击多层次平庸的后果，因此，在面对金融市场激烈竞争时，要根据自身与其他金融机构（包括银行、证券、基金等）间的比较优势，在金融市场寻找适于自身的层次定位。而自身层次化体系的构建也要根据这一定位进行调整，即重点发展与自身定位相关的业务，搭建并细分这一业务领域的组织机构，并不断完善相关产品，使自身成为这一领域的领跑者。

参考文献

英文文献

［1］Albareto G. Monetary Policy and Banking Stability：A Survey ［W］. University di Genova, 2004, 5.

［2］A. Sinan Cebenoyan, Philip E. Strahan. Risk Management, Capital Structure and Lending at Banks ［J］. Journal of Banking & Finance, 2004, 28（1）：19 – 43.

［3］Avery R. B., Beryer A. N. Loan Commitments and Bank Risk Exposure ［J］. Journal of Banking and Finance, 1991, 15：173 – 192.

［4］Avery R. B., Beryer A. N. Risk – Based Capital and Deposit Insurance Reform ［J］. Journal of Banking and Finance, 1991, 15：847 – 874.

［5］Benveniste L. M., Berger A. N. An Empirical Analysis of Standby Letters of Credit. Proceedings of the Conference on Bank Structure and Competition, Federal Reserve Bank of Chicago, 1986：387 – 412.

［6］Benveniste L. M., Berger A. N. Securitization with Recourse: An Instrument that Offers Uninsured Bank Depositors Sequential Claims ［J］. Journal of Banking and Finance, 1987, 11: 403 - 424.

［7］Bordo M. D. W. J. Dueker, David C. Wheelock. Aggregate Price Shocks and Financial Instability: A Historical Analysis ［W］. Federal Reserve Bank of St. Louis, 2001.

［8］Borio C. P. Lowe. Asset Price, Financial and Monetary Stability: Exploring the Nexus ［W］. BIS, Basel, 2002, No. 114.

［9］Herrero, Rio. Financial Stability and the Design of Monetary Policy ［W］. The American University of Paris, No. 17, 2003.

［10］Hess A. C., C. W. Smith. Jr. Elements of Mortgage Securitization ［J］. Journal of Real Estate Finance and Economics 1988, 1: 331 - 346.

［11］Houben A., Kakes J. G. Schinasi. Towards a Framework for Safeguarding Financial Stability ［W］. IMF, 2004, No. 101 (4): 11 - 12.

［12］Howard W. Albert. Asset Securitization: Benefits For All Banks ［J］. The Bankers Magazine, Nov/Dec, 1991.

［13］Hyman P. Minsky. The Financial Instability Hypothesis: A Clarification In: The Risk of Financial Crises ［M］. The University of Chicago Press, 1991.

［14］Ian H. Giddy. Asset Securitization in Asia: An Overview ［M］. Hill& Knowlton, 1998.

[15] Issing O. Monetary and Financial Stability: Is there a Trade – off. Paper prepared for the conference Monetary Stability, Financial Stability and The Business Cycle: Five Views, BIS Papers, 2003, No. 18.

[16] James A. Rosenthal, Juan M. Ocampo. Securitization of credit: inside the new technology of finance [M]. McKinsey & Company, Inc. 1988. Paper, Stanford University.

[17] David H. Pyle. Bank Regulation and Monetary Policy; Comment. Journal of Money, Credit and Banking. Vol. 17, No. 4, Part 2, Monetary Policy in a Changing Financial Environment (1985). 2004, pp. 722 – 724 .

[18] Deng S. Stochastic models of energy commodity prices and their applications: mean – reversion with jumps and spikes. Working Paper, Georgia Institute of Technology. October, 1999.

[19] Diaz, Antonio and Frank S Skinner. Estimating Coporate yield curves. Journal of Fixed Income, September, 2001, pp. 95 – 102.

[20] Dotsey M. The predictive content of the interest rate term spread for future economic growth [J]. Federal Reserve Bank of Richmond Economic Quarterly, 1998, 84, pp. 31 – 45.

[21] Duan J. C. and S. R. Pliska. Option valuation with co – integrated asset prices. Working Paper, Department of Finance, Hong Kong University of Science and Technology, January, 1999.

[22] Durham G. B. Likelihood – Based specification analysis of Continuous – Time Models pf the Short – Term interest rates. University of Lowa Working Paper, 2002.

[23] Durham G. B. and A. R. Gallant. Numerical techniques for Maximum Likelihood Estimation of Continuous – Time Diffusion Process, University of Lowa Working Paper, 2002.

[24] Elton, Martin Gruber, Deepak Agrawal and Christopher Mann. Explaining the rate spread on corporate bonds. Journal of Finance, 2001, 56, pp. 247 – 278.

[25] Estrella A. , Hardourvelis G. A. The term structure as a predictor of real economic activity. Journal of Finance. 1991, 46 (2), pp. 555 – 576.

[26] Estrella A. , Mishkin F. S. The predictive power of the term structure of interest rates in Europe and the United States: implications for the European Central Bank [J]. European Economic Review, 1997, 41, pp. 1375 – 1401. rate dynamics. Mathematical Finance. 7, pp. 127 – 154.

[27] Campbell, John Y. and Robert Shiller. Yield spreads and interest rates: A bird's eye view. Review of Economic Studies 58. 1991. pp. 495 – 514.

[28] Cecilia Mancini. Estimation of the characteristics of the jumps of a general Poisson – Diffusion Model. Scand. Actuarial J. 2004, 1, pp. 42 – 52.

[29] Chan K. C. , Karolyi G. A. , Longstaff F. A. , Sanders A. B. An empirical comparison of alternative models of the short – term interest rate. Journal of Finance 47 (3): 1992, pp. 1209 – 1227.

[30] Chambers D. R. , Carleton W. T. , Waldman D. W. A new approach to estimation of the term structure of interest rates. Journal of Quant. Anal. 19. 1984, pp. 233 – 269.

[31] Chun H. Lam, Andrew H. Chen. Joint Effects of Interest Rates Deregulation and Capital Requirements on Optimal Bank Portfolio Adjustments. Journal of Finance. Vol. 40, No. 2. (June 1985), pp. 563 – 575.

[32] Clifford Winston. Economic Deregulations: Days of Reckoning for microeconomists. Journal of Economic Literature. Vol. 31. No. 3 (Sep. 1993), pp. 1263 – 1289.

[33] Cochrane, John H. and Monika Piazzesi. Bond risk premia. Working Paper. Chicago GSB and UCLA, 2002.

[34] Cochrane, John H. and Monika Piazzesi. The Fed and interest rates: A high – frequency identification. American Economic Review. 92, 2002, pp. 90 – 95.

[35] Cook, Timothy, and Hahn, Thomas The effect of changes in the Federal Funds Rate target on market interest rates in the 1970s. Journal of Monetary Economics 24, (November). 1989, pp. 331 – 351.

[36] Copzier B. , Tkacz G. The term structure and real activity in

Canada ［R］. Bank of Canada Working Paper, 1994.

［37］Cox J. , Ingersol J. Ross S. A theory of the term structure of interest rates . Econometrica, 53：1985, pp. 385 － 406.

［38］Dai. Q. K. Singleton and W. Yang. Regime shifts in Dynamic term structure Model of the U. S. Treasury Bond Yields. Working ［1］Andrew Jeffrey, Oliver Linton, Thong Nguyen （2006）：Flexible term structure estimation：which method is preferred? Metrika. （2006）63：2003, pp. 99 － 122.

［39］Authony Sunders and Marcia M. Cornett. Financial Institutions Mannagement. McGraw － Hill, 2003, pp. 289 － 291.

［40］Ang, Andrew, Monika Piazzesi and Min Wei. What does the yieldcurve tell us about GDP growth? Working Paper, UCLA, 2003.

［41］Brace A. , Gatarek D. Musiela M. The market model of interest, 1997.

中文文献

［1］安德鲁·戴维森, 安东尼·圣德斯等. 资产证券化: 构建和投资分析 ［M］. 中国人民大学出版社, 2006.

［2］安东尼·桑德斯. 信用风险度量 ［M］. 机械工业出版社, 2001.

［3］查尔斯·P. 金德尔伯格. 疯狂、惊恐和崩溃: 金融危机史（第四版）［M］. 中国金融出版社, 2007.

［4］弗兰克·J. 法博齐, 弗朗哥·莫迪利亚尼. 资本市场:

机构与工具（第二版）［M］. 经济科学出版社，1998.

［5］弗兰克·J. 法博兹，莫德·休亨瑞. 欧洲结构金融产品手册［M］. 中国金融出版社，2006.

［6］弗兰克·J. 法博兹. 债券市场：分析与策略［M］. 上海人民出版社，2003.

［7］弗里德曼，施瓦茨. 美国货币史（1867—1960）［M］. 北京大学出版社，2009：211 – 255

［8］考夫曼. 悲观博士考夫曼论货币与市场（中文版）［M］. 海南出版社，2001.

［9］雷蒙·戈德史密斯. 金融结构与金融发展［M］. 上海三联书店，1994.

［10］罗伯特·范奥德. 证券化的经济学分析及美国的经验教训［J］. 比较，2007（33）.

［11］理查德·比特纳. 贪婪、欺诈和无知——美国次贷危机真相［M］. 中信出版社，2008.

［12］马歇尔. 货币、信用与商业［M］. 商务印书馆，1985.

［13］塞克维尔. 利息与价格［M］. 商务印书馆，1997.

［14］格利·约翰·G.，肖·爱德华·S. 金融理论中的货币［M］. 上海三联书店，1994.

［15］斯蒂文·L. 西瓦兹. 结构金融——资产证券化原理指南［M］. 清华大学出版社，2003.

［16］劳平. 融资结构的变迁研究［M］. 中山大学出版社，2004.

［17］荷曼·瑞斯勃格．美国次贷风波引发对金融稳定的再思考——德国央行的视角［J］．中国金融，2007（23）．

［18］萨奇．金融危机或经济衰退条件下的金融监管——自由主义经济学金融监管思想的困窘［J］．中国外汇管理，1999（6）．

［19］本·伯南克．弗里德曼的货币框架：一些教训［J］．中国金融，2006（5）．

［20］安辉．现代金融危机生成机理与国际传导机制研究［M］．经济科学出版社，2003．

［21］成之德，盛宇明，何小锋．资产证券化的理论与实务全书［M］．言实出版社，2000．

［22］邓伟利．资产证券化：国际经验与中国实践［M］．上海人民出版社，2003．

［23］董裕平．金融：契约、结构与发展［M］．中国金融出版社，2003．

［24］高保中．中国资产证券化的制度分析［M］．科学文献出版社，2005．

［25］何德旭．中国金融创新与发展研究［M］．经济科学出版社，2001．

［26］何小锋．资产证券化：中国的模式［M］．北京大学出版社，2002．

［27］IMF．全球金融稳定报告：市场发展与问题［M］．中国金融出版社，2003．

［28］孙奉军．资产证券化效率分析［M］．上海财经大学出版

社，2004.

[29] 王宏伟. 资本效率与经济增长 [M]. 经济科学出版社，
2004.

[30] 周小川. 资本市场的多层次特性 [J]. 金融市场研究，
2013 (8).

[31] 周小川. 维护金融稳定是中央银行的天职 [J]. 中国金
融（半月刊），2005 (22).

[32] 何帆，张明. 美国次级债危机是如何酿成的 [J]. 求
是，2007 (20).

[33] 唐旭. 多层次金融市场与金融脱媒 [J]. 中国金融（半
月刊），2006 (14).

[34] 张承惠. 发展多层次的金融市场 [N]. 中国金融高层论
坛，2012.

[35] 姚洪蛟，刘锡标. 多层次资本市场发展模式研究 [J].
时代金融，2012 (2).

[36] 沈炳熙. 多层次资本市场与金融产品创新 [J]. 时代金
融，2012 (2).

[37] 胡海峰，罗惠良. 多层次资本市场建设的国际经验及启
示 [N]. 中国社会科学院研究生院学报，2010 (1).

[38] 陈时兴，傅攀丽. 多层次资本市场体系建设的观点综述
[N]. 理论综述，2007 (7).

[39] 曾繁振. 国际背景下中国多层次资本市场体系及其构建
研究 [D]. 中央党校博士论文，2012.

［40］王国刚. 建立和完善多层次资本市场体系［J］. 经济理论与经济管理，2004（3）.

［41］刘建伟. 基于商业分析构建金融服务小区［J］. 中国金融电脑，2010（2）.

［42］张仁宗，熊凯. 加快城市社区市场个人金融业务发展的对策［J］. 湖北农村金融研究，2002（8）.

［43］袁树民，刘文国. 多层次资本市场与中小企业融资［J］. 财会经纬，2008（2）.

［44］刘恩惠. 构建小微企业多层次金融支持体系研究——以浙江省为例［D］. 浙江工业大学硕士论文，2012.

［45］王景武. 构建多层次金融市场体系——探讨直接融资新途径［J］. 济南金融，2007（20）.

［46］李向前. 滨海新区金融创新与多层次金融市场建设［J］. 求知，2008（5）.

［47］巴曙松. 美国次贷危机的三大悬念［J］. 人民论坛，2007（17）.

［48］白钦先，张润林. 金融机构变迁对金融稳定的影响［J］. 武汉金融，2006（2）.

［49］陈裘逸，张保华. 资产证券化定义和模式的探讨——以真实出售为中心［J］. 金融研究，2003（10）.

［50］楚天舒，毛志荣. 研究报告：美国、日本资产证券化市场比较及借鉴［N］. 深圳证券交易所综合研究所，2006.

［51］段小茜. 国内外金融稳定有关问题研究进展与述评

[J]. 财贸经济, 2006 (7).

[52] 段小茜. 金融稳定：目标、含义及制度框架 [N]. 金融时报, 2004 – 09 – 10.

[53] 鄂志寰. 资本流动与金融稳定相关关系研究 [J]. 金融研究, 2000 (7).

[54] 李传全. 资产证券化与融资体制创新 [J]. 世界经济情况, 2004 (23).

[55] 穆刘伟, 张晓怡. 资本约束条件下中国银行业证券化资产的选择 [J]. 金融研究, 2005 (2).

[56] 沈联涛. 重审监管 [J]. 财经, 2008 (10).

[57] 邵伏军. 利率市场化改革的风险分析 [J]. 金融研究, 2004 (6).

[58] 宋逢明, 石峰. 基于 Hull – White 模型的债券市场利率期限结构研究 [J]. 运筹与管理, 2006 (6).

[59] 史敏, 汪寿阳, 徐山鹰, 陶铄. 银行同业拆借市场利率期限结构实证研究 [J]. 管理科学学报, 2005 – 10.

[60] 沙振林. 对股份制商业银行利率管理模式的探讨 [J]. 金融研究, 2005 (6).

[61] 商勇. 利率模型的新发展——市场模型 [J]. 经济经纬, 2005 (5).

[62] 粟建平. 农村信用社利率风险实证研究 [J]. 金融研究, 2004 – 10.

[63] 唐齐鸣, 高翔. 我国同业拆借市场利率期限结构的实证

研究 [J]. 统计研究, 2002 (5).

[64] 唐文进, 陈勇. 利率期限结构研究新进展 [J]. 经济学动态, 2006 (4).

[65] 王春峰, 杨建林, 蒋祥林. 含有违约风险的利率风险管理 [J]. 管理科学学报, 2006 - 04.

[66] 王国松. 中国的利率管制与利率市场化 [J]. 经济研究, 2001 (6).

[67] 任兆璋, 彭化非. 我国同业拆借利率期限结构研究 [J]. 金融研究, 2005 (3).

[68] 萨奇. 利率市场化与利率关系的国际经验 [J]. 国际金融研究.

[69] 陈雯, 陈浪南. 国债利率期限结构建模与实证 [J]. 世界经济, 2000 (8).

[70] 陈典发. 利率期限结构的一致性 [J]. 系统工程, 2002 (1).

[71] 黄国平, 汪荔. 利率市场化进程中的风险控制与防范 [J]. 银行家, 2006 (3).

[72] 陈蓉, 郭晓武. 期权调整利差 OAS 及其应用研究 [J]. 统计研究, 2005 (8).